基层农技推广人员岗位证书培训教材

农业政策与法规

主　　编　庄天慧
副 主 编　颜　勇　杨　春
参编人员　颜　勇　杨　春
　　　　　毛　平　漆海燕

NONGYE ZHENGCE YU FAGUI

电子科技大学出版社

图书在版编目(CIP)数据

农业政策与法规 / 庄天慧主编. —成都：电子科技大学出版社，2013.3 (2017.10 重印)

基层农技推广人员岗位证书培训教材

ISBN 978-7-5647-1495-6

Ⅰ.①农… Ⅱ.①庄… Ⅲ.①农业政策－中国－岗位培训－教材②农业法－中国－岗位培训－教材 Ⅳ.①F320②D922.4

中国版本图书馆 CIP 数据核字（2013）第 042382 号

基层农技推广人员岗位证书培训教材

农业政策与法规

庄天慧　主编

出　　版：电子科技大学出版社(成都市一环路东一段 159 号电子信息产业大厦　邮编:610051)
策划编辑：辜守义
责任编辑：辜守义
主　　页：www. uestcp. com. cn
电子邮箱：uestcp@ uestcp. com. cn
发　　行：新华书店经销
印　　刷：成都金龙印务有限责任公司
成品尺寸：130mm×185mm　印张 3.75　字数 94 千字
版　　次：2013 年 3 月第一版
印　　次：2017 年 10 月第九次印刷
书　　号：ISBN 978-7-5647-1495-6
定　　价：28.00 元

◆　本社发行部电话：028-83202463；本社邮购电话：028-83201495。
◆　本书如有缺页、破损、装订错误，请寄回印刷厂调换。

基层农技推广人员岗位证书培训教材

编委会

编者的话

为了贯彻落实党的十八大和四川省省委第十次党代会精神，加强基层农技人员队伍建设，我们组织有关高等院校和科研院所的学者以及长期从事农业技术推广工作的专家，编写了基层农技人员培训考试用书，供全省各地开展对基层农业科技人员培训和考试使用。该套书是我国目前基层农技人员最新的一套培训考试教材，采用了国家最新标准、法定计量单位和最新名词、术语，并注重行业针对性和实用性，力求做到内容浅显易懂、图文并茂，让广大基层农业技术人员易于学习、掌握。由于编写时间较为仓促，教材中难免存在不足和错误，诚望各位专家和广大读者批评指正。

四川省基层农技推广人员
培训考试教材编委会
2013 年 2 月

目　录

第一章
农业政策与农业法规概述

第一节 农业政策概述

一、农业政策的概念

政策就是执政党为国家所提的主张，是执政党在一定历史时期内，综合多方面的建议，为推动实现一定的任务而制定的行动准则和采取的重大措施。政策对农业经济关系的作用十分明显。如中央在21世纪连续10年出台了有关“三农”的中央一号文件，用来调整农业和农村经济关系。这些政策在农业和农村经济关系变革中起到了重大作用。

农业政策是根据党的路线和方针，为了发展农业生产和农村经济，在一定时期内为了实现在农业方面所要达到的目标而制定的具有激励或约束其经济活动的一系列措施和行动的总称。农业政策从属于一般的经济政策，是部门经济政策。由于农业政策与农业、农民和农村关系密切，其内容也涉及农业和农村以外的政策领域，如环境政策、社会政策已超出农业本身的范畴。

二、农业政策的特点

农业政策从本身的性质出发，具有以下特点：

（1）内容上的纲领性。农业政策一般是从整个国家或地区农业发展的需要出发，纲领性地规定农业经济活动应遵循的共同原则，并不规定具体目标和政策实施的具体措施。

（2）工作范围的广泛性。农业政策的调整范围一般是整个国家或地区的农业生产经济活动和经济关系，因而具有普遍的指导意义。

（3）具体应用上的灵活性。由于政策一般规定得比较原则，这就给对政策的理解和具体应用带有一定的灵活性。

（4）政策效力的有限性。由于农业政策规定原则性较强，又有一定的灵活性，因此，政策实施时在多数情况下难以做出违反政策时适度的纪律处分规定。即使有纪律规定，由于行政程序缺乏法律程序的严密，更容易受到人为因素的干扰，从而使政策纪律的执行有一定的难度。

三、农业政策的实施

（一）农业政策实施的概念

农业政策制定出来以后，并不等于有关的农业问题就解决了。从农业政策的制定到其目标的实现，还需要一个极其复杂和重要的过程，这就是农业政策的实施。农业政策的实施就是指农业政策方案被批准并正式颁布之后，把农业政策所规定的内容转变为现实的过程。具体来看，农业政策的实施是各级人民政府和农业主管部门以及其他有关部门，按照客观经济规律的要求，将农业政策付诸实际行动的行政活动。因此，应把农业政策的实施理解为一个过程，它是农业政策的执行者运用各种政策资源，通过建立各种组织机构，采取宣传、解释、执行等各种行动将农业政策观念形态的内容转化为现实生产力，从而使既定的农业政策目标得以实现。

（二）农业政策实施的方法

农业政策实施的方法一般有以下几种形式：

1. 行政方法

行政方法是指凭借行政机构的权威，运用命令、指示、指令或任务，按照行政层次和行政秩序来推行政策实施的方法。行政方法的主要特点是：直接性、单一性、强制性和无偿性。

2. 经济方法

经济方法是指在客观经济规律直接作用和经济组织自主活动的情况下，通过利用与价值有关的经济杠杆和经济手段来调节人们之间的物质利益关系，以实现政策目标的方法。经济杠杆主要有：价格、税收、利率、工资、成本、利润、货币、信贷、财政等；经济手段主要有：经济责任制、生产补贴、物质奖励、罚款等。经济方法的主要特点是：平等性、等价有偿性、非直接性和广泛性。由于经济方法是从人们的物质利益出发，充分尊重调节对象的自主权，因而可以促进人们对自身物质利益的关心，并由此激发人们工作和从事农业经营活动的积极性、主动性、创造性。然而，经济方法也有其自身的局限性，其作用的发挥需要一个过程，因而难以解决要求立即采取措施的问题。

3. 法律方法

法律方法是指行政机关应用国家法律和根据宪法、法律制定各种有效措施推行农业政策实施的方法。法律方法的特点是：权威性、规范性、强制性和稳定性。法律方法能否有效地发挥对政策的实施作用，取决于法律法规是否适应经济基础和规律的要求，同时法只是整个上层建筑的一部分，其调整范围有限。因而，强调“依法治农”并不排除和否定其他农业政策实施方法的有效性。

4. 思想教育方法

思想教育方法就是通过加强思想政治工作，提高行政人员和农民的思想政治觉悟和对政策的理解水平，增强推行政策实施的主观能动性和自觉性。

四、农业政策的评估与调整

（一）农业政策的评估

1. 农业政策评估的概念

农业政策评估是农业政策过程的一个十分重要的组成部分，对农业政策的完善和农业发展具有重要意义。首先，政策评估是政策调整与变更的基本依据；其次，政策评估是确定新的政策问题、制定新政策的必要前提；再次，政策评估尤其是正确的评估，本身又是政策宣传的一种形式；最后，提供有关既定政策的各种信息，以便为决定政策变化、分配政策资源、改进政策和制定新政策提供有力的依据。

2. 农业政策评估的基本内容

（1）政策方案评估。政策方案评估是政策制定中的重要内容，也是构成政策评估体系的组成部分。政策方案评估主要是指在政策制定过程中，对不同政策方案进行比较分析，从中选择出较好的方案；或对某一政策方案进行论证，以对其可行性做出评价。

（2）政策实施评估。政策实施评估是对政策的实施过程进行检查、分析与评价，是政策评估体系的重要组成部分。政策实施评估一方面要搞清楚政策是否确已落实到了原定的政策对象或区域，另一方面则要分析政策实施过程中的行为与措施是否符合政策设计的要求。

政策实施评估的具体内容包括：实施过程行为评估；政

策运行的信息收集及处理，即汇集政策实际运行的资料；政策实施前景与问题的预策，即分析、寻找政策设计和实施中可能存在的缺陷与失误。

（3）政策效果评估。政策效果评估是对政策实施之后所产生影响和效率进行的分析与评价，它是政策评估的主要内容，可分为政策影响评估和政策效率评估。政策影响是指因实施一项政策，对个人、团体、国家、社会、自然环境等方面所引起的变化。政策效率评估主要是分析政策在支出各项成本之后是否获得了充分的效益；与其他政策相比，政策资源的使用是否更加经济有效。

（二）农业政策的调整

1. 农业政策调整的含义

农业政策从制定、实施、评估进而到调整，是政策运行过程的一般规律。农业政策调整的实质是：根据新的认识和发展变化了的情况，废止、修正已不适应新情况的政策或制定新的农业政策。

2. 农业政策调整的依据

农业政策的稳定是相对的，而调整则是永恒的。农业政策调整的依据主要有：

（1）决策者价值取向的变化导致农业政策调整。在农业政策全过程中，政府部门决策者的价值观对农业政策调整起着关键性作用，一旦他们的价值取向发生变化，农业政策中的相关内容必然也要变化。

（2）政策环境的改变导致农业政策调整。农业政策在其运行过程中，必然处在一定的时间、空间等客观环境之中，受多种因素的影响和制约。政策环境在受到政策影响的同时又反作用于农业政策。这种互动式的作用结果，决定了彼此之间的适应性。一旦环境发生变化，必然会引起农业政策的变化和调整。

（3）人们认识的深化导致农业政策调整。随着实践的发展和认识的深化，人们会发现原定的农业政策在某些方面、某个环节、某段过程，对政策对象的反映在广度和深度上不够全面和深入，某些关系调节得不够理想，需要改进和完善。因此，需要在坚持原来农业政策的基本方向的前提下，做某些必要的修改，使政策的内容和形式更加实际，更为科学。

3. 农业政策调整的步骤

农业政策的调整更强调政策与政策之间的协调和协同及农业政策自身的完善，所以农业政策调整步骤是否科学恰当，将直接影响调整的实际效果。由于调整的风险性，一般要求农业政策调整有一个从局部到整体的调整步骤，理想的农业政策调整步骤是：个别调整——局部调整——整体调整。农业政策调整能否按此程序进行，意味着农业政策调整的内容能否得到逐步扩大的检验，同时也意味着新的农业政策在全面推广前能否有一定基础的社会认同。

五、主要惠农政策概述

（一）粮食直接补贴

为进一步促进粮食生产、保护粮食综合生产能力、调动农民种粮积极性和增加农民收入，国家财政按一定的补贴标准和粮食实际种植面积，给种粮农民的一项政策性补贴。补贴资金原则上要求发放到从事粮食生产的农民，具体由各省级人民政府根据实际情况确定。

（二）农资综合补贴

农资综合补贴是指政府对农民购买农业生产资料实行的一种直接补贴制度。主要是由于柴油、化肥、农药、农膜等农业生产资料价格上涨，增加了农民的种粮成本，为了减少农民因为农资涨价引起的成本上升，国家对种粮农民实施了农资综合直补，这项补贴资金全部由国家财政安排，按照动态调整制度，根据化肥、柴油等农资价格变动，遵循“价补统筹、动态调整、只增不减”的原则及时安排和增加补贴资金，合理弥补种粮农民增加的农业生产资料成本。

（三）良种补贴

为了支持农民积极使用优良作物种子，提高良种覆盖率，增加主要农产品特别是粮食的产量，改善产品品质，推进农业区域化布局，对一地区优势区域内种植主要优质粮食作物的农户，根据品种给予一定的资金补贴。水稻、玉米、油菜补贴采取现金直接补贴方式，小麦、大豆、棉花、青稞可采取统一招标、差价购种补贴方式，也可现金直接补贴，具体由各省根据实际情况确定。

（四）粮食最低收购价

为了保护农民利益、保障粮食市场供应实施的粮食价格调控政策。一般情况下，粮食收购价格由市场供求决定，国家在充分发挥市场机制作用的基础上实行宏观调控，必要时由国务院决定对短缺的重点粮食品种，在粮食主产区实行最低收购价格。当市场粮价低于国家确定的最低收购价时，国家委托符合一定资质条件的粮食企业，按国家确定的最低收购价收购农民的粮食。

（五）农机购置补贴

为推动农机产品的购买和使用，促进农业机械化水平提升，国家对农牧渔民、农场（林场）职工、从事农机作业的农业生产经营组织购买规定范围的农机产品后，给予一定的补贴。中央财政农机购置补贴资金实行定额补贴，同一种类、同一档次农业机械在省域内实行统一的补贴标准。

（六）扶持农民专业合作社发展

农民专业合作社以其成员为主要服务对象，提供农业生产资料的购买，农产品的销售、加工、运输、贮藏以及与农业生产经营有关的技术、信息等服务，在解决小规模分散经营与农产品大市场的矛盾等方面发挥着重要作用。国家扶持农民专业合作社发展的政策措施主要包括五个方面：税收优惠政策，金融支持政策，财政扶持政策，涉农项目支持政策，人才支持政策。

（七）农村劳动力职业技能培训

农村劳动力职业技能培训是加快农村劳动力转移、促进农民增收的重要环节，也是提高农民就业能力、增强我国产业竞争力的一项重要基础性工作。职业技能培训主要任务是以开展非农职业技能培训为主，辅助开展引导性培训，提高农民就业能力。

第二节 农业法规概述

一、法律、法规与农业法规的概念

（一）法律的概念

法律是国家制定或认可的，由国家强制力保证实施的，以规定当事人权利和义务为内容的具有普遍约束力的社会规范。广义的法律：是指法的整体，包括法律、有法律效力的解释及行政机关为执行法律而制定的规范性文件（如规章）。狭义的法律：专指拥有立法权的国家权力机关依照立法程序制定的规范性文件。

（二）法规的概念

法规指国家机关制定的规范性文件。如我国国务院制定和颁布的行政法规，省、自治区、直辖市人大及其常委会制定和公布的地方性法规。省、自治区人民政府所在地的市，经国务院批准的较大的市的人大及其常委会，也可以制定地方性法规，报省、自治区的人大及其常委会批准后施行。法规也具有法律效力。

（三）农业法规的概念

农业法规是国家制定或认可的、并由国家强制力保证实施的、关于农业生产经营的规范性法律文件的总称。它包括国家权力机关、国家行政机关以及地方机关制定和颁布的，适用于农业经济领域的法律、行政法规、地方性法规以及政府规章等规范性文件，如《中华人民共和国农业法》（以下简称《农业法》）、《中华人民共和国农业技术推广法》（以下简称《农业技术推广法》）、《中华人民共和国农药管理条例》（以下简称《农药管理条例》）、《兽药管理条例》等。

二、农业法规的具体表现形式和法律特征

农业政策的具体表现形式，也可称为农业政策的法律渊源，是指农业法律规范以什么形式发生效力。根据宪法和有关规范性文件的规定，我国农业法规的主要表现形式主要有以下几方面。

（一）宪法

宪法是我国的根本大法。它规定了国家的基本原则、基本制度和公民基本权利、义务等，是立法的依据和基础，具有最高的法律效力，一切法律法规包括农业法规都不得与宪法相抵触。

（二）基本法律

基本法律是全面、系统地规范国家某一方面的基本社会关系的法律。基本法律只能由全国人名代表大会制定。

（三）农业法律

农业法律是指全国人民代表大会常务委员会制定的，专门调整人们在农业生产经营和建设中形成的各种社会关系的规范性法律文件。

（四）农业行政法规

农业行政法规是国务院根据宪法和法律授权指定的关于农业行政管理活动的各种规范性法律文件的总称，是农业法规的主要表现之一。农业行政法规的具体表现形式是条例或者暂行条例。

（五）农业部门规章

部门规章是国务院各部委根据法律和国务院的行政法规、决定、命令制定的规范性法律文件。地方规章是省、自治区、直辖市人民政府、国务院批准的较大的市的人民政府，根据法律和国务院的行政法规、决定、命令制定的规范性法律文件。农业部门规章是指国务院农业主管部门根据农业法律、农业行政法规的授权制定的各种规范性文件的总称。

第三节 农业政策与农业法规的关系

一、农业政策与农业法规的关联性

1. 同一阶级属性

农业政策与农业法规都是广大人民意志的表现，都是党和国家进行社会主义革命和社会主义建设的重要工具，都是上层建筑的不同组成部分，都是由社会的物质生活条件所决定，也同为经济基础服务，其基本内容是根本一致的。

2. 政策是制定法律的依据，法律是政策的体现

政策是党和国家为指导和影响经济活动所制定并付诸实施的准则和措施，政策具有号召性和指导性。政策由于其所指导、调整的关系不同、任务不同，又分为总政策和具体政策。党的十一届三中全会以来，把工作的着重点转移到经济建设上来，坚持四项基本原则，坚持改革、开放、搞活，这就是党的总方针、总政策。然而，在经济类别不同的地区，如在沿海地区和内地，在城市和农村，在发达地区和西部欠发达地区，对改革、开放、搞活则规定了不同的政策，这就是具体政策。现阶段，我国法律就是根据党的总政策和具体政策而制定的，同时，法律又充分反映了党的政策。

3. 法律是政策的具体化、条文化和定型化

法律是以行为规范的方式约束人们的行为，政策是以原则的要求引导人们的行为。国家制定法律是把政策加以规范化，把原则加以具体化，以肯定、明确的形式，规定人们应该做什么，可以做什么，不应该做什么，这在法学上称为“作

为”和“不作为”。这就是法律对政策的具体化、条文化、定型化。政策之所以要运用法律形式固定下来和表现出来，就是因为法律具有明确性、稳定性和强制性，便于适用国家强制力来保证法律化了的政策的贯彻执行。因此，法律就成为实现政策的重要手段和有力武器。但政策是否都要制定为法律，这不是绝对的。哪些政策制定为法律、何时制定为法律，要依具体情况、实践检验、贯彻执行政策的经验成熟程度等因素而定。

二、农业政策与农业法规的主要区别

1. 法具有国家强制性

由于法是国家意志和国家权力的体现，是由国家专政机关的强制力来保证实施的，具有人人必须遵守的属性。违法就要承担法律责任，受到法律制裁。然而，政策本身不具有这一属性，但党的政策通过国家接受，形成法律，便具有人人遵守的法律效力。有人违反或破坏了党的政策而受到法律制裁，那是因为他的行为已构成了违法，而不是因为党的政策本身具有国家强制性。

所以，用政策所指导和规范的社会行为较之法律缺乏威力：一是政策的约束力不如法律。政策执行与否、执行好坏，除了作为考核干部的依据外，难以有量化指标和追究责任的标准，从某种意义上讲，政策是“软件”，法律是“硬件”。二是政策的权威性不如法律。党的政策除了以法的形式来体现，从而具有强制性外，很多政策通过社会团体和群众组织的活动来体现，通过宣传、教育和党员的模范带头作用来体现，缺乏法的强制性，从而出现有些单位和部门对农业发展政策视而不见、充耳不闻，合口味就执行，不合口味就搁在一边，软拖硬抗，顶着不办等现象，严重影响了农村正常经济秩序的建立，挫伤了农民发展商品生产的积极性。

2. 法具有明确的规范性

法表现为国家的规范性文件和原则性的规范，表现为设立权利义务和保护这些权利义务而规定的法律措施、法律手段。所以，通俗地讲，法就是以国家的名义明确规定人们在一定关系中的行为规则，确定人们在一定关系中的权利和义务；也明确规定人们应该做什么，可以做什么，不能做什么；怎样做是合法的，怎样做是非法的，以及违法将会导致怎样的法律后果。这就便于人们遵守和执行，便于广大群众、社会舆论和专门机关对执法的监督，做到有法可依。政策虽然也规范人们的行为，但一般比较原则，不具体，没有解释性的内容，只有应该怎样，没有为什么应该这样和为什么是那样。因此，有些政策的执行者对政策也不甚了解，很难创造性地开展工作。

3. 法具有相对的稳定性

法具有国家意志的属性，法的制定和颁布要经过法定的程序，不能随意修改和废止，而且法的修改也要通过一定的法律程序。而党的政策表现为党的文件，其内容主要涉及政治原则、政治方向和领导国家事务的重大决策。政策在一定程度上是针对当时当地的情况而做出的规定，往往随着时间的推移或客观情况的变迁甚至人为的因素而失去效力。广大农民对党的农村政策是衷心拥护的，但担心政策有"变"，在一定程度上成了深化改革的一大心理障碍。

在调整的灵活性方面，政策优于法。法是调整经济生活、政治生活、社会生活中的一些重要的、必要的须用权力进行干预的行为。而政策，特别是党的政策调整的范围更为广泛，包括精神生活、伦理道德、文化教育等。

三、农业政策与农业法规辩证运用的统一

1. 理论上要提高认识

政策与法规都是治理国家的重要工具，两者相辅相成，但是由于两者的特点不同、作用不同，不能只运用一个工具而丢掉另一个工具，不能互相替代。在这个问题上，要正确认识，既要反对把两者完全割裂开来、对立起来的观点，又要反对把两者简单等同起来的观点。这两种倾向都是错误的，它们都会导致只重视法律而忽视政策，或者只重视政策而忽视法律的片面性错误。实际上，这两者各有所用，各有各的价值，应当相互配合、互相促进，使之各得其所，起到相得益彰的作用。应特别重视维护法律的权威性，同时也不应忽视政策的重要意义。既要依靠政策，也要依靠法律。依靠政策指导法律、法规的正确制定和实施，依靠法律、法规保证政策的稳定和有效贯彻。既要执行政策，也要执行法律。要在维护法律威信的前提下，及时、正确地处理好两者之间的矛盾，充分发挥它们之间相互联系、相互促进的作用。

2. 在实践运用中应掌握的原则

（1）有法律规定的，应依法办事和执行；

（2）无法律规定但有政策规定的，应依政策办事和坚持

执行；

（3）法律与政策本身有冲突的，应依法办事和执行。

3. 执行与调整

如果在实际工作中，发现法律法规不符合当前的实际情况，原则上仍应按现行法律法规办事和执行，但应尽快通过法定程序修改法律法规，使之符合实际。由于我国社会经济各项事业健康快速发展，现有的法律法规可能不完全适应发展的需要，必须通过法定程序修改。

第二章

农业法律法规

第一节 中华人民共和国农业法

农业是国民经济、社会安定和国家自立的基础，农业的稳定发展是国民经济稳定增长的前提，农业法在其中起着基础性的作用。1993 年 7 月 2 日第 8 届全国人民代表大会常务委员会第 2 次会议通过《中华人民共和国农业法》（以下简称《农业法》）。2012 年 12 月 28 日第 11 届全国人民代表大会常务委员会第 30 次会议通过对农业法进行第二次修正。

一、《农业法》概述

（一）农业法的概念

《农业法》是指国家立法机关通过立法程序制定和颁布的，对于农业领域中的根本性、全局性的问题进行规定的规范性文件。

（二）《农业法》的基本原则

《农业法》的基本原则，是贯彻在农业法律法规之中的，具有普遍的指导意义。它既是农业法的立法基础，同时也是农业法执法和守法的基本准则。主要包括：保障农业在国民经济中基础地位原则；坚持和完善我国基本经济制度，稳定家庭承包责任制和统分结合的双层经营体制，发展农村经济原则；坚持科教兴农和农业可持续发展原则；保护农民和农业生产经营组织的合法权益原则。

二、农业生产经营体制

根据法律规定，我国农业生产经营体制包括以下方面：

第一，国家实行农村土地承包经营制度，依法保障农村土地承包关系的长期稳定，保护农民对承包土地的使用权。主要包括农村土地承包经营的方式和期限、发包方和承包方的权利义务、土地承包经营权的保护和流转等。农村集体经济组织应当在家庭承包经营的基础上，依法管理集体资产，为其成员提供生产、技术、信息等服务，组织合理开发、利用集体资源，壮大经济实力。

第二，国家鼓励农民在家庭承包经营的基础上自愿组成各类专业合作经济组织。农民专业合作经济组织应当坚持为成员服务的宗旨，按照加入自愿、退出自由、民主管理、盈余返还的原则，依法在其章程规定的范围内开展农业生产经营和服务活动。农民专业合作经济组织可以有多种形式，依法成立、依法登记。任何组织和个人不得侵犯农民专业合作经济组织的财产和经营自主权。

第三，农民和农业生产经营组织可以自愿按照民主管理、按劳分配和按股分红相结合的原则，以资金、技术、实物等入股，依法兴办各类企业。

第四，国家采取措施发展多种形式的农业产业化经营，鼓励和支持农民和农业生产经营组织发展生产、加工、销售一体化经营。国家引导和支持从事农产品生产、加工、流通服务的企业、科研单位和其他组织，通过与农民或者农民专业合作经济组织订立合同或者建立各类企业等形式，形成收益共享、风险共担的利益共同体，推进农业产业化经营，带动农业发展。

第五，农民和农业生产经营组织可以按照法律、行政法规成立各种农产品行业协会，为成员提供生产、营销、信息、技术、培训等服务，发挥协调和自律作用，提出农产品贸易救济措施的申请，维护成员和行业的利益。

三、农业生产、流通与加工

（一）农业生产

农业生产是农业的核心，是实现全面小康社会最基础的物质保障。必须采取强有力的措施，树立大农业观念，积极发展优质、高产、高效益的农业，提高农产品的国际竞争力。为此，农业法相关规定主要包括：

1. 农业发展规划制度

根据《农业法》第15条规定，农业发展规划是指县级以上人民政府根据国民经济和社会发展的中长期规划、农业和农村经济发展的基本目标和农业资源区划，制定的一定时期内农业发展的全面部署及合理安排，是农业和农村经济结构调整的重要依据。

2. 调整和优化农业生产结构制度

农业生产结构是国家、地区或农业部门内各生产部门及各生产项目的组成情况和比例关系。调整和优化农业生产结构是开发利用农业自然资源和合理组织农业生产力的一个基本问题，对农业生产的发展和农业经济效益的提高有着极其重要的作用。

3. 改善农业生产条件制度

《农业法》第 17 条规定，“各级人民政府应当采取措施，加强农业综合开发和农田水利、农业生态环境保护、乡村道路、农村能源和电网、农产品仓储和流通、渔港、草原围栏、动植物原种良种基地等农业和农村基础设施建设，改善农业生产条件，保护和提高农业综合生产能力。”

4. 农产品质量安全保障制度

农产品质量安全关系公众健康，关系农业和农村经济的健康发展。为了保证农产品质量安全，《农业法》第 22 条规定：“国家要采取措施提高农产品质量”。由此要建立健全农产品质量体系和质量检验检测监督体系，建立健全优质农产品认证和标志制度，实施动植物疫病防控工程等。

（二）农产品流通

农产品流通是指农产品购销、仓储、运输以及相应的货币流转的总称。《农业法》对农产品的购销、市场体系、流通渠道都作了明确的规定。

1. 农产品购销的市场调节

国家对关系国计民生的重要农产品购销活动实行必要的宏观调控，建立中央和地方分级储备调节制度，完善仓储运输体系，做到保证供应，稳定市场。

2. 逐步建立统一、开放、竞争、有序的农产品市场体系

制定农产品批发市场发展规划，对农村集体经济组织和农民专业合作经济组织建立农产品批发市场和农产品集贸市场，给予扶持。

3. 拓展农产品流通渠道

国家鼓励和支持发展多种形式的农产品流通活动。支持

农民和农民专业合作经济组织按照国家有关规定从事农产品收购、批发、贮藏、运输、销售和中介活动。鼓励供销合作社和其他从事农产品购销的农业生产经营组织提供市场信息，开拓农产品流通渠道，为农产品销售服务。县级以上人民政府应当采取措施，督促有关部门保证农产品运输畅通，降低农产品流通成本。有关行政管理部门应当简化手续，方便鲜活农产品的运输。

（三）农产品加工

农产品加工是我国现阶段农业产业结构调整的重要领域。农产品加工业作为连接初级农产品与最终消费的中间环节，作为农业和工业的连接点，其发展对于国际国内市场的开拓，对于农业经济的现代化建设都有着十分重要的意义。

四、粮食安全

粮食安全问题关系到人民的生命，关系到社会的稳定，关系到我国全面建设小康社会的成败。我国《农业法》第五章确定了我国粮食安全法律制度有以下基本内容：(1) 国家建立耕地保护制度，对基本农田依法实行特殊保护。(2) 建立稳定的商品粮生产基地，重点扶持粮食生产区。(3) 建立农产品保护价收购制度、粮食安全预警制度、中央和地方分级储备调解制度。(4) 国家建立粮食风险基金，用于支持粮食储备、稳定粮食市场和保护农民利益。(5) 国家提倡珍惜和节约粮食，并采取措施改善人民的食物营养结构。

五、农业投入与支持保护

农业投入与支持保护是关于国家、集体、农业生产经营组织和农业劳动者用于农业生产、经营、开发、农产品流通、农业科技教育等方面的资金和物质投入，以及国家对农业的政策和资金的扶持，改善农业生产条件，进行农业生产和再生产，提高农业生产效率的经济活动。

农业投入是国家（包括中央和地方各级政府对农业的财政投入）、集体、农业生产经营组织、农业劳动者等主体对农业的资金和物质投入。从农业投入来源的法律规定来看，主要包括：第一，国家农业投入。《农业法》规定，国家逐步提高农业投入的总体水平，中央和县级以上地方财政每年对农业总投入的增长幅度应当高于其财政经常性收入的增长幅度。第二，农民和农业经营组织的投入。第三，社会资金的投入。企事业单位、社会团体和个人可捐资设立各种农业建设和农业科技、教育基金，支援农业发展。第四，外资投入。

农业支持保护主要包括：第一，提供税收优惠和金融支持。第二，提供农业生产资料的供应。第三，提供农业市场信息服务。第四，建立和完善农业保险及灾害救助制度。第五，采取措施支持农业社会化服务。

六、农业资源与农业环境保护

（一）农业资源保护

1. 耕地质量保护

农民和农业生产经营组织应当保养耕地，合理使用化肥、农药、农用薄膜，增加使用有机肥料，采用先进技术，保护和提高地力，防止农用地的污染、破坏和地力衰退。县级以上人民政府农业行政主管部门应当采取措施，支持农民和农业生产经营组织加强耕地质量建设，并对耕地质量进行定期监测。

2. 水土流失、沙化的预防和治理

各级人民政府应当采取措施，加强小流域综合治理，预防和治理水土流失。从事可能引起水土流失的生产建设活动的单位和个人，必须采取预防措施，并负责治理因生产建设活动造成的水土流失。各级人民政府应当采取措施，预防土地沙化，治理沙化土地。国务院和沙化土地所在地区的县级以上地方人民政府应当按照法律规定制定防沙治沙规划，并组织实施。

3. 林草资源保护

国家实行全民义务植树制度。各级人民政府应当采取措施，组织群众植树造林，保护林地和林木，预防森林火灾，防治森林病虫害，制止滥伐、盗伐林木，提高森林覆盖率。国家在天然林保护区域实行禁伐或者限伐制度，加强造林护林。有关地方人民政府，应当加强草原的保护、建设和管理，指导、组织农（牧）民和农（牧）业生产经营组织建设人工草场、饲草饲料基地和改良天然草原，实行以草定畜，控制载畜量，推行划区轮牧、休牧和禁牧制度，保护草原植被，防止草原退化沙化和盐渍化。禁止毁林毁草开垦、烧山开垦以及开垦国家禁止开垦的陡坡地，已经开垦的应当逐步退耕还林、还草。禁止围湖造田以及围垦国家禁止围垦的湿地。已经围垦的，应当逐步退耕还湖、还湿地。对在国务院批准规划范围内实施退耕的农民，应当按照国家规定予以补助。

4. 渔业资源保护

各级人民政府应当采取措施，依法执行捕捞限额和禁渔、休渔制度，增殖渔业资源，保护渔业水域生态环境。国家引导、支持从事捕捞业的农（渔）民和农（渔）业生产经营组织从事水产养殖业或者其他职业，对根据当地人民政府统一规划转产转业的农（渔）民，应当按照国家规定予以补助。

5. 生物物种资源保护

国家建立与农业生产有关的生物物种资源保护制度，保护生物多样性，对稀有、濒危、珍贵生物资源及其原生地实行重点保护。从境外引进生物物种资源应当依法进行登记或者审批，并采取相应安全控制措施。农业转基因生物的研究、试验、生产、加工、经营及其他应用，必须依照国家规定严格实行各项安全控制措施。

（二）农业环境保护

1. 生物措施、农作物剩余物的综合利用

各级农业行政主管部门应当引导农民和农业生产经营组织采取生物措施或者使用高效低毒低残留农药、兽药，防治动植物病、虫、杂草、鼠害。农产品采收后的秸秆及其他剩余物质应当综合利用，妥善处理，防止造成环境污染和生态破坏。

2. 畜禽动物、水产养殖的环境保护

从事畜禽等动物规模养殖的单位和个人应当对粪便、废水及其他废弃物进行无害化处理或者综合利用，从事水产养殖的单位和个人应当合理投饵、施肥、使用药物，防止造成环境污染和生态破坏。

七、农民权益保护

（一）财产所有权

国家保护农民和农业生产经营组织的财产及其他合法权益不受侵犯。

（二）自主经营权

农民作为承包经营者享有对集体所有的或者国家所有由集体使用的土地的占有、使用、收益和产品处分的权利，依法自主经营。各级人民政府、农村集体经济组织或者村民委员会在农业和农村经济结构调整、农业产业化经营和土地承包经营权流转等过程中，不得侵犯农民的土地承包经营权，不得干涉农民自主安排的生产经营项目，不得强迫农民购买指定的生产资料或者按指定的渠道销售农产品。

（三）拒绝承担不合理费用和劳务权

农民和农业生产经营组织除依法纳税和交费外，对于没有法律依据的收费、罚款、摊派和集资有权拒绝。没有法律、法规依据或者未经国务院批准，任何机关或者单位不得在农村进行任何形式的达标、升级、验收活动。

（四）民主管理权

农民有权选举和被选举为集体经济组织的管理人员；有权参加成员（村民）会议或者成员（村民）代表大会；有权监督农村集体经济组织和村民委员会对涉及农民利益的重要事项的处理。

（五）获得补偿、赔偿权

农民和农村集体经济组织因国家征用农民集体所有的土地，可以依法获得征地补偿费，任何单位和个人不得截留和挪用；农业生产资料使用者因生产资料质量问题遭受损失的，可以获得出售该生产资料的经营者给予的赔偿。

（六）申诉权

农民或者农业生产经营组织有向各级人民政府及其有关部门反映情况和提出合法要求的权利；对违反法律规定，侵犯农民权益的，可以依法申请行政复议或者像人民法院提起诉讼。

八、农业法律责任

农业法律责任是指农业法律关系主体违反农业法律法规所规定的职责和义务，损害农民和农业生产经营组织的合法权益而必须承担的惩戒性的法律后果。农业法律责任根据性质的不同，可以分为违反农业法律法规的民事责任、行政责任和刑事责任。

（一）违反农业法律法规的民事责任

违反农业法律法规的民事责任是指行为人违反农业法律法规，侵犯农民和农业生产经营组织的土地承包经营权等财产权益或者其他合法权益，造成损害而应当承担的民事法律后果。承担农业法律民事责任的形式主要有：停止侵害、恢复原状、赔偿损失等。

（二）违反农业法律法规的行政责任

违反农业法律法规的行政责任是指因违反农业法律法规而依法应受到行政处罚或行政处分的责任。行政处分对于国家工作人员来说主要有：警告、记过、记大过、降级、撤职、开除。对于经营主体来说，受到的行政处罚主要有：责令停止生产、销售；责令退赔、归还资金；没收违法所得；罚款；吊销营业执照等。

（三）违反农业法律法规的刑事责任

违法农业法律法规的刑事责任，是指违法农业法律法规，严重侵犯农业生产经营组织或农业劳动者的合法权益，依照刑法规定必须承担刑事法律后果。

第二节 中华人民共和国农业技术推广法

发展农业需要将科技转化为现实生产力。农业技术推广就是将各种先进的农业实用技术通过试验、示范、培训等方式向农业生产领域转移和扩散。《中华人民共和国农业技术推广法》（以下简称《农技推广法》）为解决农业技术推广工作中的突出问题，提供了法律依据。

一、农技推广制度概述

（一）农技推广法律制度的发展

1993 年，国家制定了《农技推广法》。2012 年 8 月 31 日，11 届全国人大常委会第 28 次会议表决通过了《全国人民代表大会常务委员会关于修改〈中华人民共和国农业技术推广法〉的决定》。《农技推广法》修改的主要内容主要包括：明确国家农技推广机构的公益定位，强化职责；合理设置农技推广机构；完善保障机制，改善农技推广条件；加强农技推广队伍建设，提升农技推广能力；鼓励多元主体参与农技推广工作；细化法律责任，明确法律后果等。

（二）农技推广的概念

根据《农技推广法》，农业技术是指应用于种植业、林业、畜牧业、渔业的科研成果和实用技术。农业技术中的农业是大农业的概念，包括了种植业、畜牧业、林业和渔业。农业技术就是服务于农业生产方面的科研成果和实用技术。因此其主要包括：（1）良种繁育、栽培、肥料施用和养殖技术；

（2）植物病虫害、动物疫病和其他有害生物防治技术；（3）农产品收获、加工、储藏、运输技术；（4）农业投入品安全使用、农产品质量安全检验检测技术；（5）农田水利、农村供排水、土壤改良与水土保持技术；（6）农业机械化、农用航空、农业气象和农业信息技术；（7）农业防灾减灾、农业资源与环境保护和农村能源开发利用技术；（8）其他农业新技术等。

所谓推广，就是推进普及的意思。农业技术推广，就是把农业技术应用普及于农业生产的全过程。根据《农技推广法》第2条第2款的规定，农业技术推广，是指通过试验、示范、培训、指导以及咨询服务等，把农业技术普及应用于农业产前、产中、产后全过程的活动。

（三）农技推广的原则

农业技术推广应当遵循的下列几项原则：（1）有利于农业、农村经济可持续发展和增加农民收入原则。（2）尊重农业劳动者和农业生产经营组织的意愿原则。（3）因地制宜，经过试验、示范原则。（4）公益性推广与经营性推广分类管理原则。（5）兼顾经济效益、社会效益，注重生态效益原则。

二、农技推广体系

（一）国家农业技术推广机构

国家农业技术推广机构包括国家、省、市、县、乡等。县乡两级的农业技术推广部门，是推广体系的主体。《农技推广法》第12条规定："国家根据科学合理、集中力量的原则以及县域农业特色、森林资源、水系和水利设施分布等情况，因地制宜设置县、乡级或区域国家农业技术推广机构。"2010年中央1号文件指出，"抓紧建设乡镇或区域性农技推广等公共服务机构，扩大基层农技推广体系改革与建设示范县范围”。随着交通、信息等条件的改善，为统一调配和整合人力资源，集中力量搞好技术服务，一些地方尝试按区域设立农业技术推广机构，取得了一定效果。一个服务区域往往覆盖几个乡镇的农业技术推广工作。

乡镇国家农业技术推广机构，可以实行县级人民政府农业技术推广部门管理为主或者乡镇人民政府管理为主、县级人民政府农业技术推广部门业务指导的体制，具体由省、自治区、直辖市人民政府确定。

各级国家农业技术推广机构属公共服务机构，其公益性职责是：（1）各级人民政府确定的关键农业技术的引进、试验、示范；（2）植物病虫害、动物疫病及农业灾害的监测、预报和预防；（3）农产品生产过程中的检验、检测、监测咨询技术服务；（4）农业资源、森林资源、农业生态安全和农业投入品使用的监测服务；（5）水资源管理、防汛抗旱和农田水利建设技术服务；（6）农业公共信息和农业技术宣传教育、培训服务；（7）法律、法规规定的其他职责。

（二）国家农业技术推广机构的专业技术人员

国家农业技术推广机构的人员是从事农业推广的主要力量，县级以上人民政府应当合理确定国家农业技术推广机构的人员编制，国家农业技术推广机构的人员编制应当根据所服务区域的种养规模、服务范围和工作任务等合理确定，保证公益性职责的履行。

1. 人员编制和结构比例

根据《农技推广法》第13条第2款的规定，国家农业技术推广机构的岗位设置应当以专业技术岗位为主。乡镇国家农业技术推广机构的岗位应当全部为专业技术岗位，县级国家农业技术推广机构的专业技术岗位不得低于机构岗位总量的 80%，其他国家农业技术推广机构的专业技术岗位不得低于机构岗位总量的百分之 70%。

2. 农业技术人员的上岗资格

国家农业技术推广机构的专业技术人员应当具有相应的专业技术水平，符合岗位职责要求；根据《农技推广法》第 14 条第 2 款的规定，国家农业技术推广机构聘用的新进专业技术人员，应当具有大专以上有关专业学历，并通过县级以上人民政府有关部门组织的专业技术水平考核。自治县、民族乡和国家确定的连片特困地区，经省、自治区、直辖市人民政府有关部门批准，可以聘用具有中专有关专业学历的人员或者其他具有相应专业技术水平的人员。国家鼓励和支持高等学校毕业生和科技人员到基层从事农业技术推广工作。各级人民政府应当采取措施，以县级农技推广机构为依托，吸引人才，充实和加强基层农业技术推广队伍，提升人员素质。

（三）农业科研单位和有关学校

农业科研院所、农业院校是科研成果的源头，具有一定的人才、 技术、设备、信息交流广泛等优势。教育、人力资源和社会保障、农业、林业、水利、科学技术等部门应当支持农业科研单位、有关学校开展有关农业技术推广的职业技术教育和技术培训，提高农业技术推广人员和农业劳动者的技术素质。

（四）村级农业技术服务站点和农民技术人员

国家鼓励和支持村级农业技术服务站点和农民技术人员

开展农业技术推广。村级农业技术服务站点是指在村一级设立的，在农业技术推广机构的指导下，为农业劳动者提供技术服务的组织。村级农技服务站点和农民技术人员是连接基层国家农技推广机构和农民的纽带和桥梁，贴近农业、面临一线农业劳动者，可以从农民的现实需求出发，提供技术、农资、信息等全面服务。

（五）农场、林场、牧场、渔场、水利工程管理单位

农场、林场、牧场、渔场、水利工程管理等单位是农业技术集中试验、示范基地，直接运用农业技术，专业性和针对性强，并且贴近农民，服务灵活，影响广泛，也是我国农技推广体系的重要组成部分。这些单位可以以市场为导向，以效益为中心，组织农民和农业生产单位参观、学习和培训，为新技术的推广提供可靠的依据和示范，也可以利用自身科技优势进行新品种实验和推广。国家鼓励这些组织在做好本单位的农业技术推广工作的同时，面向社会开展农业技术推广服务。

（六）群众性农业科技组织

群众性农业科技组织是指由农民和其他农业科技人员自愿设立的、民间性农业科技服务组织，例如农民专业合作社、农民专业技术协会等。农民专业合作社、农民专业技术协会等组织，本身就与农民建立了紧密的利益联结机制，他们进行的试验示范、农资供应、标准化生产指导和技术培训、农产品市场营销等活动，满足了农业劳动者个性化、市场化的服务需求，是对国家推广机构公益性服务活动的重要补充。因此，国家鼓励和支持发展农村专业技术协会等群众性科技组织，发挥它们在农业技术推广中的作用。

（七）农业示范区

近些年，全国建立了一批国家农业科技园区，许多地方也建立了区域性的现代农业示范区。这些园区发挥了良好的带动辐射作用。园区聚集了科技、金融、信息、服务等要素，是传播农业技术的新生力量。为此，《农技推广法》第 26 条规定：“国家鼓励和支持以大宗农产品和优势特色农产品生产为重点的农业示范区建设，发挥示范区对农业技术推广的引领作用，促进农业产业化发展和现代农业建设。”

三、我国农技推广和应用制度

（一）农业技术的推广

1. 农业技术推广项目的制定

农业技术推广项目是指根据一定时期农业技术成果和农业生产需要编制的应予推广的农业技术类别。为提高农业技术推广和应用水平，农业技术推广需要按照规划和计划推广，应当以项目为单位，同时对项目进行分类。根据《农技推广法》第 19 条的规定，重大农业技术的推广应当列入国家和地方相关发展规划、计划，由农业技术推广部门会同科学技术等相关部门按照各自的职责，相互配合，组织实施。农业技术推广项目的编制必须因地制宜，除具有经济效果外，还应当具有社会效果、生态效果和资源效果。

2. 农业科研单位和有关学校科研成果的推广

农业科研成果是指在农业各个领域内，通过调查、研究、试验、推广应用，所提出的能够推动农业科学技术进步，具有明显的经济效益、社会效益并通过社会鉴定或被市场机制所证明的物质、方法或方案。农业科研单位和有关学校应当把农业生产中需要解决的技术问题列为研究课题，增加先进农业技术的有效供给。其科研成果可以通过农业技术推广机构推广，也可以直接向农业劳动者和农业生产经营组织推广。

3. 农业技术推广的程序

农业技术推广首先应制定农业技术推广项目。其次，在推广农业技术时，应当选择有条件的农户、区域或者工程项目，进行应用示范。向农业劳动者和农业生产经营组织推广的农业技术，必须在推广地区经过试验证明具有先进性、适用性和安全性。为防止不顾具体情况，将未经过试验、示范就大面积推广的情况，《农技推广法》第36条规定："向农业劳动者、农业生产经营组织推广未经试验证明具有先进性、适用性或者安全性的农业技术，造成损失的，应当承担赔偿责任。"

4. 农业技术推广的经费与服务收费

各级国家农业技术推广机构作为国家的事业单位，属公共服务机构，承担公益性职责。就农业推广项目而言，各级人民政府通过财政拨款以及从农业发展基金中提取一定比例的资金的渠道，筹集农业技术推广专项资金，用于实施农业技术推广项目。中央财政对重大农业技术推广给予补助。就工作经费而言，县、乡级国家农业技术推广机构的工作经费根据当地服务规模和绩效确定，由各级财政共同承担。因此，国家农业技术推广机构向农业劳动者和农业生产经营组织推广农业技术，实行无偿服务。

国家农业技术推广机构以外的单位及科技人员以技术转让、技术服务、技术承包、技术咨询和技术入股等形式提供农业技术的，可以实行有偿服务，其合法收入和植物新品种、农业技术专利等知识产权受法律保护。进行农业技术转让、技术服务、技术承包、技术咨询和技术入股，当事人各方应当订立合同，约定各自的权利和义务。

5. 购买服务

政府购买公共服务是一种政府提供公共服务方式，它是指政府将由自身承担的为社会发展和人民日常生活提供的公共服务事项交给有资质的、专业性社会组织来完成，并定期按照市场标准相互建立提供服务产品的合约，由该社会组织提供公共服务产品，政府按照一定的标准进行评估履约情况来支付服务费用。农业技术推广也可以采取这一方式。根据《农技推广法》第27条的规定，各级人民政府可以采取购买服务等方式，引导社会力量参与公益性农业技术推广服务。

6. 奖励和扶持措施

为鼓励更多的机构和人员从事农业技术推广服务，《农技推广法》第8条规定："对在农业技术推广工作中做出贡献的单位和个人，给予奖励。"《农技推广法》第33条规定："从事农业技术推广服务的，可以享受国家规定的税收、信贷等方面的优惠。"明确国家在税收、信贷等方面对多元化农技推广组织的扶持措施，并吸引更多的社会力量积极参与农技推广活动，有利于推动农技推广多形式、多渠道、多层次发展，有利于构建政府扶持、社会参与的农技推广格局。

（二）农业技术应用

1. 农业技术的培训

农业技术的培训是农业技术应用的前提，农业和农村发展依赖于科技进步和劳动者素质的提高，农业科技推广培训在两者之间发挥着重要的桥梁和纽带作用。农业专业技术人员的素质是农业生产力提升的重要因素之一，同时对农业劳动者的培训要立足于农业技术的实用性。县、乡镇国家农业技术推广机构应当组织农业劳动者学习农业科学技术知识，提高其应用农业技术的能力。教育、人力资源和社会保障、农业、林业、水利、科学技术等部门应当支持农业科研单位、有关学校开展有关农业技术推广的职业技术教育和技术培训，提高农业技术推广人员和农业劳动者的技术素质。国家鼓励社会力量开展农业技术培训。

2. 农业劳动者和农业生产经营组织对农业技术应用的选择权

农业劳动者和农业生产经营组织根据自愿的原则应用农业技术，任何单位或者个人不得强迫。《农技推广法》第 37 条规定："强迫农业劳动者、农业生产经营组织应用农业技术，造成损失的，依法承担赔偿责任。"

四、我国农技推广的保障措施

（一）资金保障

1. 建立农业技术推广资金稳定增长机制

国家逐步提高对农业技术推广的投入，扶持农业技术推广事业。各级人民政府在财政预算内应当保障用于农业技术推广的资金，并按规定使该资金逐年增长。根据《农技推广法》第 28 条的规定，国家逐步提高对农业技术推广的投入。各级人民政府在财政预算内应当保障用于农业技术推广的资金，并按规定使该资金逐年增长。各级人民政府通过财政拨款以及从农业发展基金中提取一定比例的资金的渠道，筹集农业技术推广专项资金，用于实施农业技术推广项目。中央财政对重大农业技术推广给予补助。目前，中央财政对重大农技推广项目已有专项支持，今后主要是逐步扩大规模和范围。

2. 保障基层推广机构工作经费

县、乡级国家农业技术推广机构的工作经费根据当地服务规模和绩效确定，由各级财政共同承担。各级财政包括了从中央到地方，这一规定可以有力地保障农业技术推广工作经费。任何单位或者个人不得截留或者挪用用于农业技术推广的资金。

3. 保障基层农技推广人员的福利待遇

《农技推广法》第29条规定："各级人民政府应当采取措施，保障和改善县、乡镇国家农业技术推广机构的专业技术人员的工作条件、生活条件和待遇，并按照国家规定给予补贴，保持国家农业技术推广队伍的稳定。"保障的标准是基层农技推广机构在岗人员工资收入要与基层其他事业单位人员工作平均水平相衔接。

（二）物质保障

农业技术推广工作的顺利开展必须依托一定的物质条件，因此，必要的工作条件的建立和健全是农技推广工作的前提，主要包括实验基地、测试设备、生产资料和设备、设施等。《农技推广法》第30条规定："各级人民政府应当采取措施，保障国家农业技术推广机构获得必需的试验示范场所、办公场所、推广和培训设施设备等工作条件。地方各级人民政府应当保障国家农业技术推广机构的试验示范场所、生产资料和其他财产不受侵害。"

（三）人员保障

农业技术推广队伍常年在农业生产第一线工作，推动农技推广工作健康持续发展，必须建立一支技术水平高、业务能力强的农技推广队伍。2012 年中央 1 号文件指出，“根据产业发展实际设立公共服务岗位。全面实行人员聘用制度，严格上岗条件，落实岗位责任，推行县主管部门、乡镇政府、农民三方考评办法。对扎根乡村服务农民、艰苦奉献的农技推广人员，要切实提高待遇水平，落实工资倾斜和绩效工资政策，实现在岗人员工资收入与基层事业单位人员工资收入平均水平相衔接。”

各级人民政府应当采取措施，保障和改善国家农业技术推广机构的专业技术人员待遇，并依照国家规定给予补贴。对在县、乡镇、村从事农业技术推广工作的专业技术人员的职称评定，应当以考核其推广工作的业务技术水平和实绩为主。

（四）监督管理

对农业技术推广机构和农业技术推广人员加强监督管理是落实各项农业技术推广工作的重要措施。监督管理是《农技推广法》制度化管理、社会化服务的重要组成部分。加强监督管理就是要提供规范化要求和制度化保证。

1. 政府及有关部门未履行职责的责任

在农业推广工作中，国务院农业、林业、水利等部门按照各自的职责，负责全国范围内有关的农业技术推广工作。县级以上地方各级人民政府农业技术推广部门在同级人民政府的领导下，按照各自的职责，负责本行政区域内有关的农业技术推广工作。同级人民政府科学技术部门对农业技术推广工作进行指导。同级人民政府其他有关部门按照各自的职责，负责农业技术推广的有关工作。《农技推广法》第 34 条规定：“各级人民政府有关部门及其工作人员未依照本法规定履行职责的，对直接负责的主管人员和其他直接责任人员依法给予处分。”

2. 国家农业技术推广机构及其工作人员不认真履行义务的责任

国家农业技术推广机构及其工作人员在本职工作中应当勇于主动承担工作责任，尽心尽责，忠实履行职责。《农技推广法》第35条规定：“国家农业技术推广机构及其工作人员未依照本法规定履行职责的，由主管机关责令限期改正，通报批评；对直接负责的主管人员和其他直接责任人员依法给予处分。”在工作中如果向农业劳动者、农业生产经营组织推广未经试验证明具有先进性、适用性或者安全性的农业技术，造成损失的，应当承担赔偿责任。强迫农业劳动者、农业生产经营组织应用农业技术，造成损失的，依法承担赔偿责任。

3. 绩效考评制度

《农技推广法》第32条规定：“县级以上农业技术推广部门、乡镇人民政府应当对其管理的国家农业技术推广机构履行公益性职责的情况进行监督、考评。各级农业技术推广部门和国家农业技术推广机构，应当建立国家农业技术推广机构的专业技术人员工作责任制度和考评制度。”具体而言，县级人民政府农业技术推广部门管理为主的乡镇国家农业技术推广机构的人员，其业务考核、岗位聘用以及晋升，应当充分听取所服务区域的乡镇人民政府和服务对象的意见。乡镇人民政府管理为主、县级人民政府农业技术推广部门业务指导的乡镇国家农业技术推广机构的人员，其业务考核、岗位聘用以及晋升，应当充分听取所在地的县级人民政府农业技术推广部门和服务对象的意见。

第三节 中华人民共和国种子法

为了保护和合理利用种质资源，规范品种选育和种子生产、经营、使用行为，维护品种选育者和种子生产者、经营者、使用者的合法权益，提高种子质量水平，推动种子产业化，促进种植业和林业的发展，中华人民共和国第九届全国人民代表大会常务委员会第16次会议于2000年7月8日通过了《中华人民共和国种子法》（以下简称《种子法》），并于2000年12月1日起正式施行。

一、《种子法》概述

（一）种子与《种子法》的概念

种子是农业生产的基本生产资料，是指农作物和林木的种植材料或者繁殖材料，包括籽粒、果实和根、茎、苗、芽、叶等。《种子法》是规定农业、林业行政主管部门对种子的选育、生产、经营、使用等活动进行控制、调节、检查、监督，以确保种子质量，维护种子选育者、生产者、经营者、使用者的合法权益，促进农业生产发展的法律制度。

（二）立法原则

《种子法》坚持从我国种子发展的实际情况出发，同时借鉴了国外种子立法的成功经验。立法中体现了以下原则：（1）正确处理好选育、生产、经营、使用等各方面的关系，该规范的要规范，该保护的要保护，防止片面强调部门利益和局部利益。（2）适应社会主义市场经济和实现现代化的要求，以市场为导向，加强管理，稳步推进种子市场化、商品化、产业化进程。（3）增强法律的针对性和可操作性，注重解决好实际中存在的突出问题，充分发挥法律的宏观调控作用。

二、种质资源保护

《种子法》第 8 条规定："国家依法保护种质资源，任何单位和个人不得侵占和破坏种质资源。"种质资源是指选育品质的基础材料，包括各种植物的栽培种、野生种的繁殖材料以及利用上述繁殖材料人工创造的各种植物的遗传材料。种质资源是国家的重要资源，是选育植物新品种的基础材料，保护和利用好种质资源事关国家利益和种子发展水平，鉴于目前有些种质资源遭受破坏和流失国外的情况，种子法规定：（1）禁止采集或者采伐国家重点保护的天然种质资源。因科研等特殊情况需要采集或者采伐的，应当经国务院或者省、自治区、直辖市人民政府的农业、林业行政主管部门批准；（2）国家有计划地收集、整理、鉴定、登记、保存、交流和利用种质资源，定期公布可供利用的种质资源目录。具体办法由国务院农业、林业行政主管部门规定；（3）国务院农业、林业行政主管部门应当建立国家种质资源库，省、自治区、直辖市人民政府农业、林业行政主管部门可以根据需要建立种质资源库、种质资源保护区或者种质资源保护地；（4）国家对种质资源享有主权，任何单位和个人向境外提供种质资源的，应当经国务院农业、林业行政主管部门批准。从境外引进种质资源的，依照国务院农业、林业行政主管部门的有关规定办理。

三、品种审定制度

品种审定的主要作用是通过区域试验等方式，测定品种的新颖性、特殊性和稳定性，确认其种植价值，防止不合格的品种进入市场，防止种子乱引滥繁，避免给农业、林业生产造成损失。

《种子法》规定，主要农作物品种和主要林木品种在推广应用前应当通过国家级或者省级审定，申请者可以直接申请省级审定或者国家级审定,由省、自治区、直辖市人民政府农业、林业行政主管部门确定的主要农作物品种和主要林木品种实行省级审定。主要农作物品种和主要林木品种的审定办法应当体现公正、公开、科学、效率的原则，由国务院农业、林业行政主管部门规定。国务院和省、自治区、直辖市人民政府的农业、林业行政主管部门分别设立由专业人员组成的农作物品种和林木品种审定委员会，承担主要农作物品种和主要林木品种的审定工作。在具有生态多样性的地区，省、自治区、直辖市人民政府农业、林业行政主管部门可以委托设区的市、自治州承担适宜于在特定生态区域内推广应用的主要农作物品种和主要林木品种的审定工作。

通过国家级审定的主要农作物品种和主要林木良种由国务院农业、林业行政主管部门公告，可以在全国适宜的生态区域推广。通过省级审定的主要农作物品种和主要林木良种由省、自治区、直辖市人民政府农业、林业行政主管部门公告，可以在本行政区域内适宜的生态区域推广。相邻省、自治区、直辖市属于同一适宜生态区的地域，经所在省、自治区、直辖市人民政府农业、林业行政主管部门同意后可以引种。

应当审定的农作物品种未经审定通过的，不得发布广告，不得经营、推广。应当审定的林木品种未经审定通过的，不得作为良种经营、推广，但生产确需使用的，应当经省级以上人民政府林业行政主管部门审核，报同级林木品种审定委员会认定。审定未通过的农作物品种和林木品种，申请人有异议的，可以向原审定委员会或者上一级审定委员会申请复审。在中国没有经常居所或者营业场所的外国人、外国企业或者外国其他组织在中国申请品种审定的，应当委托具有法人资格的中国种子科研、生产、经营机构代理。

应当指出的是，近年来，随着生物技术的发展，转基因植物品种已进入农业、林业生产领域。转基因植物品种虽在增强抗性、改善品质、提高产量等方面有优势，但也有不少人担心转基因产品可能对人体健康、环境保护造成危害，因此，《种子法》第 14 条规定：“转基因植物品种的选育、试验、审定和推广应当进行安全性评价，并采取严格的安全控制措施。具体办法由国务院规定。”

四、种子生产、经营法律制度

（一）种子生产的法律制度

《种子法》第 20 条规定：“主要农作物和主要林木的商品种子生产实行许可制度。”目前，世界上许多国家对种子生产经营实行许可证制度，对种子生产实行严格的监督检查。对商品种子生产经营实行许可证制度，实质是确定种子市场的准入资格。

1. 申请种子生产许可证需要的条件

《种子法》第 21 条规定，申请领取种子生产许可证的单位和个人，应当具备下列条件：（1）具有繁殖种子的隔离和培育条件。（2）具有无检疫性虫害的种子生产地点或县级以上人民政府林业行政主管部门确定的采种林。（3）具有与种子生产相适应的资金和生产、检验设施；具有相应的专业种子生产和检验技术人员。（4）法律、法规规定的其他条件。申请领取具有植物新品种的种子生产许可证的，应当征得品种权人的书面同意。

2. 种子生产许可证的发放

主要农作物杂交种子及其亲本种子、常规种原种种子、主要林木良种的种子生产许可证，由生产所在地县级人民政府农业、林业行政主管部门审核，省、自治区、直辖市的人民政府农业、林业行政主管部门核发；其他种子的生产许可证，由生产所在地县级以上地方人民政府农业、林业行政主管部门核发。

此外，商品种子生产应当执行种子生产技术规程和种子检验、检疫规程。在林木种子生产基地内采集种子的，由种子生产基地的经营者组织进行，采集种子应当按照国家有关标准进行。禁止抢采掠青、损坏母树，禁止在劣质林内、劣质母树上采集种子。品种子生产者应当建立种子生产档案，载明生产地点、生产地块环境、前茬作物、亲本种子来源和质量、技术负责人、田间检验记录、产地气象记录、种子流向等内容。

（二）种子经营法律制度

种子经营者必须先取得种子经营许可证之后，方可凭种子经营许可证向工商管理机关申请办理或者变更营业执照，进行种子经营活动。

1. 申请种子经营许可证需要的条件

《种子法》第29条规定，申请领取种子经营许可证的单位和个人，应当具备下列条件：（1）具有与经营种子种类和数量相适应的资金及独立承担民事责任的能力。（2）具有能够正确识别所经营的种子、检验种子质量、掌握种子贮藏、保管技术的人员。（3）具有与经营种子的种类、数量相适应的营业场所及加工、包装、贮藏保管设施和检验种子质量的仪器设备。（4）法律、法规规定的其他条件。种子经营者专门经营不再分装的包装种子的，或者受具有种子经营许可证的种子经营者以书面委托代销其种子的，可以不办理种子经营许可证。种子经营者按照经营许可证规定的有效区域设立分支机构的，可以不再办理种子经营许可证，但应当在办理或者变更营业执照后十五日内，向当地农业、林业行政主管部门和原发证机关备案。

2. 种子经营许可证发放

种子经营许可证实行分级审批发放制度。种子经营许可证由种子经营者所在地县级以上人民政府农业、林业主管部门核发。主要农作物杂交种子及其亲本种子、常规种原种子、主要林木良种的种子经营许可证，由种子经营者所在地县级人民政府农业、林业行政主管部门审核，省、自治区、直辖市人民政府农业、林业行政主管部门核发。实行选育、生产、经营相结合并达到国务院农业、林业行政主管部门规定的注册资本金额的种子公司和从事种子进出口业务的公司的种子经营许可证，由省、自治区、直辖市人民政府农业、林业行政主管部门审核，国务院农业、林业行政主管部门核发。同时，种子经营许可证应当注明种子经营范围、经营方式及有效期限、有效区域等项目。禁止伪造、变造、买卖、租借种子经营许可证。禁止任何单位和个人无证或者未按照许可证的规定经营种子。种子经营许可证的有效区域由发证机关在其管辖范围内确定。种子经营者应当遵守有关法律、法规的规定，向种子使用者提供种子的简要性状、主要栽培措施、使用条件的说明与有关咨询服务，并对种子质量负责。任何单位和个人不得非法干预种子经营者的自主经营权。

此外，销售的种子应当加工、分级、包装。但是，不能加工、包装的除外。大包装或者进口种子可以分装。实行分装的，应当注明分装单位，并对种子质量负责。销售的种子应当附有标签。标签应当标注种子类别、品种名称、产地、质量指标、检疫证明编号、种子生产及经营许可证编号或者进口审批文号等事项。标签标注的内容应当与销售的种子相符。销售进口种子的，应当附有中文标签。销售转基因植物品种种子的，必须用明显的文字标注，并应当提示使用时的安全控制措施。种子广告的内容应当符合本法和有关广告的法律、法规的规定，主要性状描述应当与审定公告一致。调运或者邮寄出县的种子应当附有检疫证书。国家建立的林木种子生产基地生产的种子，由国家指定的单位有计划地统一组织收购和调剂使用，非指定单位不得在基地内组织收购。

五、种子质量管理

（一）种子质量

种子质量是指种子达到国家或行业规定种用标准的程度。种子的生产、加工、包装、贮藏等质量管理办法和行业标准，由国务院农业、林业行政主管部门制定并负责对种子质量的监督。农业、林业主管部门可以委托种子质量检验机构对种子质量进行检验，该种子质量检验机构需经省级以上人民政府有关主管部门考核合格，方能承担种子质量检验的任务。

承担种子质量检验的机构应当具备相应的检测条件和能力，配备种子检验员。种子检验员应当具备以下条件：（1）具有相关专业中等专业技术学校毕业以上文化水平；（2）从事种子检验技术工作三年以上；（3）经省级以上人民政府农业、林业行政主管部门考核合格。

《种子法》第46条规定，国家禁止生产、经营假、劣种子。下列情况的种子为假种子：（1）以非种子冒充种子或者以此种品种种子冒充他种品种种子的；（2）种子种类、品种、产地与标签标注的内容不符的。下列种子为劣种子：（1）质量低于国家规定的种用标准的；（2）质量低于标签标注指标的；（3）因变质不能作种子使用的；（4）杂草种子的比率超过规定的；（5）带有国家规定检疫对象的有害生物的。

《种子法》还规定，由于不可抗力原因，为生产需要必须使用低于国家或者地方规定的种用标准的农作物种子的，应当经用种地县级以上地方人民政府批准。林木种子应当经用种地省、自治区、直辖市人民政府批准。从事品种选育和种子生产、经营以及管理的单位和个人应当遵守有关植物检疫法律、行政法规的规定，防止植物危险性病、虫、杂草及其他有害生物的传播和蔓延。禁止任何单位和个人在种子生产基地从事病虫害接种试验。

（二）种子行政管理

各级人民政府的农业、林业行政主管部门是种子行政执法机关。种子执法人员依法执行公务时应当出示行政执法证件。农业、林业行政主管部门为实施本法，可以进行现场检查。

农业、林业行政主管部门及其工作人员不得参与和从事种子生产、经营活动。种子生产经营机构不得参与和从事种子行政管理工作。种子的行政主管部门与生产经营机构在人员和财务上必须分开。

国务院农业、林业行政主管部门和异地繁育种子所在地的省、自治区、直辖市人民政府应当加强对异地繁育种子工作的管理和协调，交通运输部门应当优先保证种子的运输。

农业、林业行政主管部门在依照本法实施有关证照的核发工作中，除收取所发证照的工本费外，不得收取其他费用。

六、法律责任

种子的使用者是广大农民，维护种子使用者的合法权益是《种子法》的重要内容，对于各种侵犯或者可能侵犯种子使用者合法权益的行为，都应当禁止，对造成损害的应当承担相应的法律责任。

种子法主要规定了下列法律责任：

（一）关于种子生产、经营的法律责任

生产、经营假、劣种子的，由县级以上人民政府农业、林业行政主管部门或者工商行政管理机关责令停止生产、经营，没收种子和违法所得，吊销种子生产许可证、种子经营许可证或者营业执照，并处以罚款；有违法所得的，处以违法所得五倍以上十倍以下罚款；没有违法所得的，处以二千元以上五万元以下罚款；构成犯罪的，依法追究刑事责任。

有下列行为之一的，由县级以上人民政府农业、林业行政主管部门责令改正，没收种子和违法所得，并处以违法所得一倍以上三倍以下罚款；没有违法所得的，处以 1000 元以上 30 000 元以下罚款；可以吊销违法行为人的种子生产许可证或者种子经营许可证；构成犯罪的，依法追究刑事责任：（1）未取得种子生产许可证或者伪造、变造、买卖、租借种子生产许可证，或者未按照种子生产许可证的规定生产种子的。（2）未取得种子经营许可证或者伪造、变造、买卖、租借种子经营许可证，或者未按照种子经营许可证的规定经营种子的。

（二）关于种质资源出入境的法律责任

《种子法》第 61 条规定，有下列行为之一的，由县级以上人民政府农业、林业行政主管部门责令改正，没收种子和违法所得，并处以违法所得一倍以上三倍以下罚款；没有违法所得的，处以 1000 元以上 20 000 元以下罚款；构成犯罪的，依法追究刑事责任：（1）为境外制种的种子在国内销售的；（2）从境外引进农作物种子进行引种试验的收获物在国内作商品种子销售的；（3）未经批准私自采集或者采伐国家重点保护的天然种质资源的。

向境外提供或者从境外引进种质资源的，由国务院或者省、自治区、直辖市人民政府的农业、林业行政主管部门没收种质资源和违法所得，并处以 10 000 元以上 50 000 元以下罚款。未取得农业、林业行政主管部门的批准文件携带、运输种质资源出境的，海关应当将该种质资源扣留，并移送省、自治区、直辖市人民政府农业、林业行政主管部门处理。

（三）关于种子规范经营的法律责任

《种子法》第 62 条规定：“有下列行为之一的，由县级以上人民政府农业、林业行政主管部门或者工商行政管理机关责令改正，处以1000元以上10 000元以下罚款：（1）经营的种子应当包装而没有包装的；（2）经营的种子没有标签或者标签内容不符合本法规定的；（3）伪造、涂改标签或者试验、检验数据的；（4）未按规定制作、保存种子生产、经营档案的；（5）种子经营者在异地设立分支机构未按规定备案的。”

（四）有关机构和人员的法律责任

《种子法》在68条至71条规定了相关部门的法律责任。（1）种子质量检验机构出具虚假检验证明的，与种子生产者、销售者承担连带责任；并依法追究种子质量检验机构及其有关责任人的行政责任；构成犯罪的，依法追究刑事责任；（2）强迫种子使用者违背自己的意愿购买、使用种子给使用者造成损失的，应当承担赔偿责任；（3）农业、林业行政主管部门违反本法规定，对不具备条件的种子生产者、经营者核发种子生产许可证或者种子经营许可证的，对直接负责的主管人员和其他直接责任人员，依法给予行政处分；构成犯罪的，依法追究刑事责任；（4）种子行政管理人员徇私舞弊、滥用职权、玩忽职守的，或者违反本法规定从事种子生产、经营活动的，依法给予行政处分；构成犯罪的，依法追究刑事责任。

第四节 中华人民共和国农产品质量安全法

为了从源头上保障农产品质量安全，维护公众的身体健康，促进农业和农村经济发展，十届全国人大常委会第二十一次会议于2006年4月29日审议通过了《中华人民共和国农产品质量安全法》（以下简称《农产品质量安全法》），并于 2006 年 11 月 1 日起施行。

一、农产品质量安全概述

农产品是指来源于农业的初级产品，即在农业活动中获得的植物、动物、微生物及其产品。这里讲的“农业活动”既传统的种植、养殖、采摘、捕捞等农业活动，也包括设施农业、生物工程等现代农业活动。“植物、动物、微生物及其产品”通常是指在农业活动中直接获得的以及经过分拣、去皮、剥壳、粉碎、清洗、切割、冷冻、打蜡、分级、包装等加工，但未改变其基本自然性状和化学性质的产品。

农产品质量安全，是指农产品质量符合保障人的健康、安全的要求。人们每天消费的食物大部分是直接来源农业的初级产品，农产品的质量安全状况如何，直接关系着人民群众的身体健康乃至生命安全。保证人民群众吃得安全、吃得放心，是坚持以人为本，对人民负责的体现。

二、农产品质量安全标准

农产品质量安全标准，是依照有关法律、行政法规的规定制定和发布的农产品质量安全的强制性技术规范。一般是指规定农产品质量要求和卫生条件，以保障人的健康、安全的技术规范和要求，禁止生产、销售不符合国家规定的农产品质量安全标准的农产品。农产品质量安全标准由农业行政主管部门商有关部门组织实施。

三、农产品产地安全与生产

（一）农产品产地安全

农产品产地安全是指农产品产地的土壤、水体和大气环境质量等符合生产质量安全农产品要求。

县级以上地方人民政府农业行政主管部门按照保障农产品质量安全的要求，根据农产品品种特性和生产区域大气、土壤、水体中有毒有害物质状况等因素，认为不适宜特定农产品生产的，提出禁止生产的区域，报本级人民政府批准后公布，具体办法由国务院农业行政主管部门和国务院环境保护行政主管部门制定。县级以上人民政府应当采取措施，加强农产品基地建设，改善农产品的生产条件，推进保障农产品质量安全的标准化生产综合示范区、示范农场、养殖小区和无规定动植物疫病区的建设。

禁止在有毒有害物质超过规定标准的区域生产、捕捞、采集食用农产品和建立农产品生产基地。禁止违反法律、法规的规定向农产品产地排放或者倾倒废水、废气、固体废物或者其他有毒有害物质。农产品生产者应当合理使用化肥、农药、兽药、农用薄膜等化工产品，防止对农产品产地造成污染。

（二）农产品生产

国务院农业行政主管部门和省、自治区、直辖市人民政府农业行政主管部门应当制定保障农产品质量安全的生产技术要求和操作规程。县级以上人民政府农业行政主管部门应当加强对农产品生产的指导。对可能影响农产品质量安全的农药、兽药、饲料和饲料添加剂、肥料、兽医器械，依照有关法律、行政法规的规定实行许可制度。

国务院农业行政主管部门和省、自治区、直辖市人民政府农业行政主管部门应当定期对可能危及农产品质量安全的农药、兽药、饲料和饲料添加剂、肥料等农业投入品进行监督抽查，并公布抽查结果。县级以上人民政府农业行政主管部门应当加强对农业投入品使用的管理和指导，建立健全农业投入品的安全使用制度。农业科研教育机构和农业技术推广机构应当加强对农产品生产者质量安全知识和技能的培训。

农产品生产企业和农民专业合作经济组织应当建立农产品生产记录，如实记载下列事项：（1）使用农业投入品的名称、来源、用法、用量和使用、停用的日期；（2）动物疫病、植物病虫草害的发生和防治情况；（3）收获、屠宰或者捕捞的日期。农产品生产记录应当保存二年。禁止伪造农产品生产记录。国家鼓励其他农产品生产者建立农产品生产记录。

农产品生产者应当按照法律、行政法规和国务院农业行政主管部门的规定，合理使用农业投入品，严格执行农业投入品使用安全间隔期或者休药期的规定，防止危及农产品质量安全。禁止在农产品生产过程中使用国家明令禁止使用的农业投入品。

农产品生产企业和农民专业合作经济组织，应当自行或者委托检测机构对农产品质量安全状况进行检测，经检测不符合农产品质量安全标准的农产品，不得销售。农民专业合作经济组织和农产品行业协会对其成员应当及时提供生产技术服务，建立农产品质量安全管理制度，健全农产品质量安全控制体系，加强自律管理。

四、农产品质量安全监督检查

依法实施对农产品质量安全状况的监督检查，是防止不符合农产品质量安全标准的产品流入市场、进入消费，危害人民群众健康、安全后果的必要措施，是农产品质量安全监管部门必须履行的法定职责。

（一）农产品质量安全监督检查的主体

农产品安全质量安全监督检查的主体是县级以上人民政府农业行政主管部门。根据本法规定，县级以上政府农业行政主管部门应当制定并组织实施农产品质量安全监测计划，对生产中或者市场上销售的农产品进行监督抽查，监督抽查结果由国务院农业行政主管部门或者省、自治区、直辖市人民政府农业行政主管部门按照权限予以公布，以保证公众对农产品质量安全状况的知情权。

《农产品质量安全法》第35条规定：“从事农产品质量安全检测的机构，必须具备相应的检测条件和能力，由省级以上人民政府农业行政主管部门或者其授权的部门考核合格。农产品质量安全检测机构应当依法经计量认证合格。”监督抽查检测应当委托符合条件的农产品质量安全检测机构进行，不得向被抽查人收取费用，抽取的样品不得超过国务院农业行政主管部门规定的数量。上级农业行政主管部门监督抽查的农产品，下级农业行政主管部门不得另行重复抽查。

（二）农产品质量安全监督检查的标准

根据《农产品质量安全法》第33条规定，有下列情形之一的农产品，不得销售：（1）含有国家禁止使用的农药、兽药或者其他化学物质的；（2）农药、兽药等化学物质残留或者含有的重金属等有毒有害物质不符合农产品质量安全标准的；（3）含有的致病性寄生虫、微生物或者生物毒素不符合农产品质量安全标准的；（4）使用的保鲜剂、防腐剂、添加剂等材料不符合国家有关强制性的技术规范的；（5）其他不符合农产品质量安全标准的。

以上五种情况基本上涵盖了农产品的质量安全标准，在实际生产、销售中也必须按照以上标准来进行检测，凡是有上述情形出现的都不得销售。

（三）农产品安全监督检查的处理办法

国家鼓励单位和个人对农产品质量安全进行社会监督。任何单位和个人都有权对违反本法的行为进行检举、揭发和控告。有关部门收到相关的检举、揭发和控告后，应当及时处理。

农产品安全监督检查的处理办法主要有：对生产、销售的农产品进行现场检查，调查了解农产品质量安全的有关情况，查阅、复制与农产品质量安全有关的记录和其他资料；对经检测不符合农产品质量安全标准的农产品，有权查封、扣押。发生农产品质量安全事故时，有关单位和个人应当采取控制措施，及时向所在地乡级人民政府和县级人民政府农业行政主管部门报告；收到报告的机关应当及时处理并报上一级人民政府和有关部门。发生重大农产品质量安全事故时，农业行政主管部门应当及时通报同级食品药品监督管理部门；发现有不符合农产品质量安全标准的农产品，应当按照农产品质量安全责任追究制度的要求，查明责任人，依法予以处理或者提出处理建议。

第五节 中华人民共和国农业机械化促进法

《中华人民共和国农业机械化促进法》（以下简称为《农业机械化促进法》） 于2004年6月25日中华人民共和国主席令第16号公布，自2004年11月1日起施行。这是我国第一部有关促进农业机械化方面的法律，标志着我国农机化事业进入了法制化发展阶段,是加速我国农业现代化发展的推动器。其紧紧围绕促进农业机械化发展的科研开发、质量保障、推广使用、社会化服务和扶持措施等相关环节分别作出了法律规定。

一、农业机械化与农业机械的概念

农业机械化是指运用先进适用的农业机械装备农业，改善农业生产经营条件，不断提高农业的生产技术水平和经济效益、生态效益的过程。农业机械化是一个不断提高、不断完善的过程；发展农业机械化是新形势下加强农业基础地位，增加农民收入，提高农业综合生产能力的必然要求。农业机械是指用于农业生产及其产品初加工等相关农事活动的机械、设备。农业机械的定义是按照农业法中“农业”的概念，从大农业的角度对农业机械的范围进行的界定，将用于农业生产及其产品初加工等相关农事活动的机械、设备统称为农业机械。

二、科研开发与质量保障

（一）科研开发

我国是一个农业大国，全面建设小康社会的难点在农村，重点在农民。农业机械是现代农业的重要物质基础，是农业现代化的重要内容。发展农业机械化，科研开发十分重要，我国农业机械存在的主要问题是工艺落后、可靠性差。没有科研开发成果就没有先进适用的、质量高的农业机械。对此，《农业机械化促进法》对农业机械的科研开发做出了如下规定：

第一，省级以上人民政府及其有关部门应当组织有关单位采取技术攻关、试验、示范等措施，促进基础性、关键性、公益性农业机械科学研究和先进适用的农业机械的推广应用。

第二，国家支持有关科研机构和院校加强农业机械化科学技术研究，根据不同的农业生产条件和农民需求，研究开发先进适用的农业机械;支持农业机械科研、教学与生产、推广相结合，促进农业机械与农业生产技术的发展要求相适应。

第三，国家支持农业机械生产者开发先进适用的农业机械，采用先进技术、先进工艺和先进材料，提高农业机械产品的质量和技术水平，降低生产成本，提供系列化、标准化、多功能和质量优良、节约能源、价格合理的农业机械产品。

第四，国家支持引进、利用先进的农业机械、关键零配件和技术，鼓励引进外资从事农业机械的研究、开发、生产和经营。

（二）质量保障

目前，我国农业机械产品的质量问题较多，严重制约了农业机械化的发展。为解决农业机械产品质量问题，保护农民利益，《农业机械化促进法》规定了如下保障措施：

第一，国家加强农业机械化标准体系建设，制定和完善农业机械产品质量、维修质量和作业质量等标准。对农业机械产品涉及人身安全、农产品质量安全和环境保护的技术要求，应当按照有关法律、行政法规的规定制定强制执行的技术规范。

第二，产品质量监督部门应当依法组织对农业机械产品质量的监督抽查。工商行政管理部门应当依法加强对农业机械产品市场的监督管理工作。国务院农业行政主管部门和省级人民政府主管农业机械化工作的部门根据农业机械使用者的投诉情况和农业生产的实际需要，可以组织对在用的特定种类农业机械产品的适用性、安全性、可靠性和售后服务状况进行调查，并公布调查结果。

第三，农业机械生产者、销售者应当对其生产、销售的农业机械产品质量负责，并按照国家有关规定承担零配件供应和培训等售后服务责任。农业机械生产者应当按照国家标准、行业标准和保障人身安全的要求，在其生产的农业机械产品上设置必要的安全防护装置、警示标志和中文警示说明。

第四，农业机械产品不符合质量要求的，农业机械生产者、销售者应当负责修理、更换、退货；给农业机械使用者造成农业生产损失或者其他损失的，应当依法赔偿损失。农业机械使用者有权要求农业机械销售者先予赔偿，农业机械销售者赔偿后，属于农业机械生产者的责任的，农业机械销售者有权向农业机械生产者追偿。因农业机械存在缺陷造成人身伤害、财产损失的，农业机械生产者、销售者应当依法赔偿损失。

为解决农业机械产品质量问题，保护农民利益，《农业机械化促进法》第 15 条做出了下列禁止性规定：“（1）列入依法必须经过认证的产品目录的农业机械产品，未经认证并标注认证标志，禁止出厂、销售和进口；（2）禁止生产、销售不符合国家技术规范强制性要求的农业机械产品；（3）禁止利用残次零配件和报废机具的部件拼装农业机械产品。”

三、推广使用

农业机械是重要的农业生产资料，在农业生产投资中占有非常重要的地位。对于农业生产者来说，能否购买到质量优良、价格合理的农机产品，直接决定着其生产活动的成败。对于国家来说，推广运用的农机产品是否具有质量稳定、节约能源、保护环境等特点决定着农业机械化进程的速度和整体效益。因而，国家必须建立科学合理的农机推广运用体系，确保得到推广运用的农业机械的质量和功能，为了实现这一目标，可以从以下几个方面着手：

1. 建立必要的农业机械鉴定机制，提供农业机械信息服务

根据《农业机械化促进法》的规定：“农业机械生产者或者销售者，可以委托农业机械试验鉴定机构，对其定型生产或者销售的农业机械产品进行适用性、安全性和可靠性检测，作出技术评价。农业机械试验鉴定机构应当公布具有适用性、安全性和可靠性的农业机械产品的检测结果，为农民和农业生产经营组织选购先进适用的农业机械提供信息。”

2. 确立先进适用的农机产品目录制度

先进适用的农业机械产品目录分为两个层次，即国家支持推广的农机产品目录和省级支持推广的农机产品目录。对于区域适应性较强，适合在全国范围内推广的农机产品，国务院农业行政主管部门会同国务院财政部门、经济综合宏观

调控部门纳入国家支持推广的先进适用的农业机械产品目录，并定期调整。对于具有一定的区域适应性，适合在某个省份推广的农机产品，由省级人民政府主管农业机械化工作的部门会同同级财政部门、经济综合宏观调控部门纳入省级人民政府支持推广的先进适用的农业机械产品目录，并定期调整。

3. 建立农业机械化示范基地和示范点

农业生产者在购买农机产品时，除了会考虑产品的价格、质量和性能等因素外，还会更多地关注该产品的地域适用性、可靠性以及该产品使用后的实际效果。为了确保农机产品的实用性，同时为了引导农民自觉自愿地选择先进的农机产品，具体而言，县级以上人民政府可以根据实际情况，在不同的农业区域建立农业机械化示范基地，并鼓励农业机械生产者、经营者等建立农业机械示范点，引导农民和农业生产经营组织使用先进适用的农业机械。

4. 鼓励农民合作使用农业机械，提升农业机械的使用效率

当前我国农村地区的生产模式是家庭联产承包责任制，在这种生产形式下，单个家庭耕作的土地资源都比较有限，如果单纯以户为单位购买农业机械，将会导致重复购买、资源闲置浪费等问题。不仅如此，由于农民的支付能力非常有限，如果仅仅以户为单位推广农机，还会导致大型农业机械设备因价格昂贵而难以获得推广。同时，任何单位和个人不得以区域化、标准化种植为借口，侵犯农民的土地承包经营权。

5. 强化农业机械化安全使用方面的宣传、教育和管理

农机安全不仅仅涉及农业生产者自身的安全，也关系到

社会和公共安全。因而，相关政府部门在推广农业机械的过程中必须切实履行相应的宣传、教育和管理职责。具体而言，国务院农业行政主管部门和县级以上地方人民政府主管农业机械化工作的部门，应当按照安全生产、预防为主的方针，加强对农业机械安全使用的宣传、教育和管理。要采取必要的措施确保农业机械使用者在作业时按照安全操作规程操作农业机械，在有危险的部位和作业现场设置防护装置或者警示标志。

四、扶持措施

我国是一个农业大国。长期以来，党和政府一直非常重视对农业发展（包括农业机械化发展）的投入。经过多年的努力，中央和各级地方人民政府制定了一系列促进农业机械化发展的扶持政策和措施，极大地调动了农业生产者运用农业机械进行生产的积极性，有力地促进了农业生产的飞速发展。在今后要进一步改进和加强对农机推广事业的扶持力度。具体而言，应当从以下几个方面着手：

1. 对农业机械的科研开发和技术创新给予财政支持和税收优惠

当前，我国农业机械的生产存在以下两大缺陷：一是农业机械产品的质量不过硬，耗油多、容易损坏，有些农机产品甚至存在着危害人身安全的隐患；二是一些常规的农业机械，如拖拉机、施肥机等农机市场已经趋于饱和。在此背景下，农机生产企业如果不进行技术革新，生产出节能环保、质量过硬、适应时代需要的农机产品，将严重影响我国农业机械化和农业现代化的进程。因而，国家有必要通过财政、税收等手段，引导农机生产者转变生产观念，加强科研开发和技术创新。为此，《农业机械化促进法》明确要求，国家应当采取措施，鼓励和支持农业机械生产者增加新产品、新技术、新工艺的研究开发投入，并对农业机械的科研开发和制造实施税收优惠政策。

2. 对农业生产者购买农业机械给予财政补贴

为了调动农业生产者运用农业机械进行生产的积极性，引导农业生产者选择先进适用的农业机械，国家应当对购买先进适用的农业机械实施财政补贴。具体而言，中央政府和省级政府在发放财政补贴时首先应当遵循公开、公正、及时、有效的原则；其次，在确定补贴资金的发放对象和发放标准时要采取统一的标准，防止出现因人而异的不平等现象；再次，补贴信息的发布要及时，补贴资金的发放要准时到位，不得拖拉延迟；最后，补贴的农业机械必须是对当地的农业生产切实有用的，能够有效地促进增产和增收。

3. 对农机服务活动和农机作业活动给予税收优惠和财政补贴

相关政府部门对于从事农业机械生产作业服务行业的收入，应当按照国家规定给予税收优惠。此外，国家还应根据农业和农村经济发展的需要，对农业机械的农业生产作业用燃油安排财政补贴。燃油补贴应当向直接从事农业机械作业的农民和农业生产经营组织发放。

4. 强化与农业机械化有关的基础设施建设

农业机械的推广速度和推广效益与相关的基础设施建设密不可分。以农业机耕道路为例，如果农业机耕道路狭窄泥泞、坑洼不平，那么无论农业机械多么先进也难以发挥促进农业生产的作用，因而很难为当地农业生产者所接受。再以相关的信息平台为例，如果农业机械的信息平台非常落后，根本无法及时有效地向相关市场主体传递购销信息，那么无论农业生产者运用农业机械的愿望多么迫切，农业机械的推广活动也难以有效地开展。基于这一原因，地方各级人民政府应当采取措施加强农村机耕道路等农业机械化基础设施的建设和维护，为农业机极化创造条件。与此同时，县级以上地方人民政府主管农业机械化工作的部门应当建立农业机械化信息搜集、整理、发布制度，为农民和农业生产经营组织免费提供信息服务。

五、法律责任

为了保障《农业机械化促进法》的贯彻落实，提高农业的生产技术水平和经济效益，必须明确相关责任主体的法律责任。具体而言，农业机械的生产、销售者，农业机械试验鉴定机构以及农业行政主管部门等主体实施了违反《农业机械化促进法》的行为时，将承担相应的民事责任、行政责任以及刑事责任。

（一）生产不符合质量标准的农机产品的法律责任

根据《农业机械化促进法》第15条的规定：“列入依法必须经过认证的产品目录的农业机械产品、未经认证并标注认证标志，禁止出厂、销售和进口。禁止生产、销售不符合国家技术规范强制性要求的农业机械产品。禁止利用残次零配件和报废机具的部件拼装农业机械产品。”违反该条的，应当按照《产品质量法》的规定，向农机产品的购买者和使用者承担民事责任。不仅如此，对于前述生产者和销售者，相关农业行政主管部门还应责令其承担行政责任。具体而言，生产、销售不符合认证标准和国家技术规范强制性要求的农机产品的，相关行政主管部门应责令生产、销售者停止生产、销售，没收违法生产、销售的产品，并处违法生产、销售产品（包括已售出和未售出的产品）货值金额等值以上、3 倍以下的罚款；有违法所得的，并处没收违法所得；情节严重的，吊销营业执照，构成犯罪的，依法追究刑事责任。对于利用残次零配件和报废机具的部件拼装农机产品的，相关农业行政主管部门将责令生产、销售者停止生产、销售，没收违法生产、销售的产品，并处违法生产、销售产品货值金额50%以上 3 倍以下的罚款；有违法所得的，并处没收违法所得；情节严重的，吊销营业执照；构成犯罪的，依法追究刑事责任。

（二）违规鉴定的法律责任

农业机械试验鉴定机构在鉴定工作中不按照规定为农业机械生产者、销售者进行鉴定，或者伪造鉴定结果、出具虚假证明，给农业机械使用者造成损失的责任，依法承担赔偿责任。

国务院农业行政主管部门和县级以上地方人民政府主管农业机械化工作的部门违反《农业机械化促进法》的有关规定，强制或者变相强制农业机械生产者、销售者对其生产、销售的农业机械产品进行鉴定的，由上级主管机关或者监察机关责令限期改正，并对直接负责的主管人员和其他直接责任人员给予行政处分。

（三）截留、挪用补贴资金的法律责任

根据《农业机械促进法》第 27 条的规定，中央财政、省级财政应当分别安排专项资金，对农民和农业生产经营组织购买国家支持推广的先进适用的农业机械给予补贴。补贴资金可以向农民和农业生产经营组织发放，也可以来用贴息方式支持金融机构向农民和农业生产经营组织购买先进适用的农业机械提供贷款。此外，根据该法第28条的规定，国家根据农业和农村经济发展的需要，对农业机械的农业生产作业用燃油安排财政补贴。燃油补贴应当向直接从事农业机械作业的农民和农业生产经营组织发放。对于上述补贴资金，如果有关农业主管行政机关有截留或者挪用行为的，由上级主管机关责令限期归还，没收非法所得并由上级主管机关、监察机关或者所在单位对直接负责的主管人员和其他直接责任人员给予行政处分；构成挪用公款罪的，依据《刑法》第384条的规定，对相关责任主体处五年以下有期徒刑或者拘役；情节严重的，处五年以上有期徒刑。挪用公款数额巨大不退还的，处十年以上有期徒刑或者无期徒刑。

第六节　中华人民共和国土地承包法

《中华人民共和国农村土地承包法》（以下简称农村土地承包法）由第九届全国人民代表大会常务委员会第二十九次会议于2002年8月29日通过，自2003年3月1日起实施。这部法律的制定，是我国农村经济生活和农业法制建设的一件大事，是广大农民群众土地权益的法律保障，是我国农村土地制度创新的重要成果。

一、农村土地承包法概述

（一）农村土地承包法的立法目的

1. 稳定和完善农村基本经营体制

我国《宪法》第 8 条明确规定“农村集体经济组织实行家庭承包经营为基础、统分结合的双层经营体制。”以党的农村政策为指导，以《宪法》为依据，制定相关法律，稳定和完善以家庭承包经营为基础、统分结合的双层经营体制，确保党在农村的基本政策得以贯彻落实，具有现实的迫切性和必要性。

2. 赋予农民长期而有保障的土地使用权

农村经济体制改革最大成果就是赋予农民土地使用权。《农村土地承包法》通过调整土地承包当事人的权利义务关系，在法律上赋予农民长期而有保障的土地使用权，保障了农民承包权益的实现，使农村土地承包关系在法律制度下处于合理有序的状态。

3. 促进农业、农村经济发展和社会稳定

稳定和完善以家庭承包为基础、统分结合的双层经营体制，能够极大的调动农民生产经营的积极性，促进农业农村生产的发展以及农民生活水平的提高，确保农村社会稳定。

（二）农村土地承包法的基本原则

农村土地承包法的基本原则，是指农村土地承包立法、司法以及相关民事活动中的基本准则，是农村土地承包法所调整的社会关系的综合反映。基本原则的功能突出表现在它的指导性，它对农村土地承包立法、司法以及相关民事活动都有约束力，且对农村土地承包法的具体法律规范具有补充作用。主要包括以下几个方面：（1）保护农村土地承包关系的长期稳定原则；（2）保护妇女的土地承包经营权原则；（3）土地承包应当公开、公平、公正原则；（4）遵守法律、法规，保护土地资源原则；（5）保护承包双方当事人的合法权益原则；（6）保护土地承包经营权的依法流转原则。

二、家庭承包

家庭承包是指集体经济组织按照公平分配、人人有份的原则，统一将耕地、林地、草地承包给本集体经济组织农户的一种承包方式。

（一）家庭承包的主体

1. 发包主体

根据《农村土地承包法》第 12 条的规定：农民集体所有的土地依法属于村农民集体所有的，由村集体经济组织或者村民委员会发包；已经分别属于村内两个以上农村集体经济组织的农民集体所有的，由村内各该农村集体经济组织或者村民小组发包。村集体经济组织或者村民委员会发包的，不得改变村内各集体经济组织农民集体所有的土地的所有权。国家所有依法由农民集体使用的农村土地，由使用该土地的农村集体经济组织、村民委员会或者村民小组发包。

2. 承包主体

依据《农村土地承包法》第 15 条规定，家庭承包的承包方是本集体经济组织的农户，即全体家庭成员，不是户主个人。

（二）发包方和承包方的权利义务

《农村土地承包法》以立法的形式规定承包方的权利义务，既有利于维护国家根本的土地制度，稳定与完善以家庭承包经营为基础、统分结合的双层经营体制，又可保障农民的土地使用权。

1. 发包方的权利和义务

发包方享有下列权利：（1）发包本集体所有的或者国家所有依法由本集体使用的农村土地；（2）监督承包方依照承包合同约定的用途合理利用和保护土地；（3）制止承包方损害承包地和农业资源的行为；（4）法律、行政法规规定的其他权利。

发包方承担下列义务：（1）维护承包方的土地承包经营权，不得非法变更、解除承包合同；（2）尊重承包方的生产经营自主权，不得干涉承包方依法进行正常的生产经营活动；（3）依照承包合同约定为承包方提供生产、技术、信息等服务；（4）执行县、乡（镇）土地利用总体规划，组织本集体经济组织内的农业基础设施建设；（5）法律、行政法规规定的其他义务。

2. 承包方的权利和义务

承包方享有下列权利：（1）依法享有承包地使用、收益和土地承包经营权流转的权利，有权自主组织生产经营和处置产品；（2）承包地被依法征用、占用的，有权依法获得相应的补偿；（3）法律、行政法规规定的其他权利。

承包方承担下列义务：（1）维持土地的农业用途，不得用于非农建设；（2）依法保护和合理利用土地，不得给土地造成永久性损害；（3）法律、行政法规规定的其他义务。

以上这些权利都是法定权利，即使在承包合同中没有约定，发包方和承包方也依法享有这些权利，同时，也不得在承包合同中限制这些权利，如果有限制这些权利的条款，则该条款无效。这些义务也是法定义务，即使在承包合同中未约定，承包法也必须依法履行。

（三）承包原则和程序

在农村土地承包中，除了要遵循土地承包法的基本原则外，在家庭承包过程中还必须遵循下列具体原则：第一，平等行使权利原则。按照规定统一组织承包时，本集体经济组织成员依法平等地行使承包土地的权利，也可以自愿放弃承包土地的权利；第二，民主协商，公平合理原则；第三，多数同意原则。承包方案应当按照《农村土地承包法》第12条的规定，依法经本集体经济组织成员的村民会议三分之二以上成员或者三分之二以上村民代表的同意。第四，遵循法定程序原则。

除遵循以上原则外，土地承包还应当按照以下程序进行：第一，本集体经济组织成员的村民会议选举产生承包工作小组；第二，承包工作小组依照法律、法规的规定拟订并公布承包方案；第三，依法召开本集体经济组织成员的村民会议，讨论通过承包方案；第四，公开组织实施承包方案；第五，签订承包合同。

（四）承包合同和承包期限

农村土地承包合同是发包方与承包方之间达成的，关于土地权利义务关系的协议。《农村土地承包法》第21条规定，发包方应当与承包方签订书面承包合同。承包合同应当包括以下条款：（1）发包方、承包方的名称，发包方负责人和承包方代表的姓名、住所；（2）承包土地的名称、坐落、面积、质量等级；（3）承包期限和起止日期；（4）承包土地的用途；（5）发包方与承包方的权利和义务；（6）违约责任。

我国《农村土地承包法》第20条根据我国农村土地家庭承包的实际情况，对不同用途的土地的承包期及其上限做出规定：“耕地的承包期为30年。草地的承包期为30年至50年。林地的承包期为30年至70年。特殊林木的林地承包期，经国务院林业行政主管部门批准可以延长。”法律做出这种区分，主要是依据不同性质土地的投资收益期限的差别，有利于保护土地承包经营权。

承包合同是明确发包方、承包方的权利义务关系并具有法律效力的文书，是承包方依法承包集体所有的土地的合法依据，是约定当事人双方权利义务的重要凭证。土地承包到户后，一定要签订书面合同，采取口头合同的形式，一旦出现争议，双方口说无凭，难以搜集证据，分清责任。签订书面承包合同，便于当事人认真履行合同，互相监督，也有利于解决可能出现的纠纷。

（五）流转

1. 流转的方式

土地承包经营权流转，是指通过承包取得的土地承包经营权可以依法采取转包、出租、互换、转让或者其他方式流转。根据《农村土地承包经营权流转管理办法》第35条以及《农村土地承包法》第37条的规定，农村土地承包经营权流转包括：转包、出租、互换、转让、联营、入股等。

（1）转包。是指农户在承包期内将全部或者部分承包地以一定条件有偿或无偿地转交给第三方经营，承包方和发包方仍按原承包合同履行权利义务关系。

（2）出租。是指农户在承包期内将全部或部分承包地出租给第三方经营，收取一定租金。承包方与发包方仍按原承包合同履行权利义务关系。

（3）互换。是指为耕种方便或者发展大型种植业等设施农业的需要，农户之间或者农户与集体之间通过自愿、互利的办法互换、串换使用权，原承包关系不变。

（4）转让。是指承包方将土地承包合同转移给第三方，由第一方向发包方履行承包合同，发包方与原承包方的承包关系即行终止。

（5）联营。是承包方之间为发展农业经济，自愿联合，以土地承包经营权出资从事农业合作生产。

（6）入股。是指承包方将土地承包经营权入股参加农业股份经营，以入股股份作为分红的作生产。

值得一提的是，《土地承包法》对承包经营权流转方法的规定并没有穷尽，这绝不意味着该法规定以外的流转方式皆不可行。农村土地承包经营权的流转还会因农村经济的发展向前发展。

2. 土地承包经营权流转的原则

根据《土地承包法》第33条的规定，土地承包经营权流转应当遵循以下原则：（1）平等协商、自愿、有偿，任何组织和个人不得强迫或者阻碍承包方进行土地承包经营权流转；（2）不得改变土地所有权的性质和土地的农业用途；（3）流转的期限不得超过承包期的剩余期限；（4）受让方须有农业经营能力；（5）在同等条件下，本集体经济组织成员享有优先权。

3. 土地承包经营权流转的程序

第一，土地承包经营权的流转，当事人双方应签订书面合同，一式四份，流转双方各执一份，发包方和乡（镇）人民政府农村土地承包管理部门各备案一份。流转合同一般应包括如下内容：双方当事人的姓名、住所；流转土地的名称、坐落、面积、质量等级；流转的期限和起止日期；流转方式；流转土地的用途；双方当事人的权利和义务；流转价款及支付方式；流转合同到期后地上附着物及相关设施的处理；违约责任。

第二，采取转让方式流转的，应当经发包方同意；采取转包、出租、互换等方式流转的，应当报发包方备案；采取互换、转让等方式流转的，应当向县级以上地方人民政府申请登记。未经登记不得对抗善意三人。

第三，向村集体经济组织以外的单位或个人流转的，必须经村民会议三分之二以上成员或三分之二以上村民代表同意，并报乡镇人民政府备案。

三、其他方式的承包

（一）其他方式承包的含义

其他方式承包相对于家庭承包而言，是指集体经济组织按照效益优先、兼顾公平的原则，通过招标、拍卖、公开协商等方式，将“四荒”地、养殖水面等承包给本集体经济组织成员或集体经济组织以外的单位和个人的一种承包方式。

（二）与家庭承包的区别

1. 承包主体不同

家庭承包中的承包方只能是农村集体经济组织内部的农户；而其他方式承包中的承包方，既可以是本集体经济组织内部的农户，也可以是集体经济组织以外的单位或个人。

2. 承包对象不同

家庭承包的土地主要是耕地、林地和草地；而其他方式承包的土地是“四荒”以及果园、茶园、桑园、养殖水面等不适宜家庭承包的土地。

3. 承包土地的具体方式不同

家庭承包主要采用民主协商、公平合理的分配方式承包，而其他方式的承包，引入市场机制、采取招标、拍卖、公开协商等方式，由最具有经营能力的人承包，按照“效率优先，兼顾公平”的原则，选择具体的承包人。

（三）其他方式承包的具体方式

1. 招标

招标方通过发布招标公告或者向有意投标承包的集体经济组织内部成员或外部农业生产者以招标邀请等方式发出招标信息，列出欲发包的荒山、荒沟、荒丘、荒滩等土地名称、坐落、面积、质量及其承包要求、承包期限以及对承包经营者的资格要求等招标条件，表明将选择最能够满足承包要求的农业承包经营者与之签订承包合同的意向，由各有意承包的农业承包经营者作为投标方，向招标方书面提出自己响应招标要求的条件，参加投标竞争。经招标方对各投标者的条件进行审查比较后，从中择优选定中标者，并与其签订土地承包合同。

2. 拍卖

拍卖是指以公开竞价的形式，将土地承包经营权转让给最高应价者的买卖方式。拍定意味着拍卖人接受应买人的要约，一经拍定，买卖合同便告成立。

3. 公开协商

公开协商是指发包方与有意承包“四荒”土地的当事人在平等、自愿的基础上就承包的相关事宜进行协商，最终与承包条件最好的承包方依法签订土地承包合同。

四、土地的征收征用与补偿

征收是指国家为了公共利益的需要，依法将集体所有土地转为国家所有并给予补偿的行为。征用是指国家为了公共利益的需要，依法强制使用集体土地，在使用完毕后再将土地归还集体的一种行为，类似于临时使用土地。二者的区别主要是：征收取得的是财产所有权，而征用取得的是财产使用权。

征地补偿费是指国家建设征用土地时，按照被征用土地的原用途给予被征地单位的补偿各项费用。根据《中华人民共和国土地管理法》第 47 条的规定，征用耕地的补偿费包括土地补偿费、安置补助费、地上附着物和青苗补偿费及其他有关费用。土地补偿费是因国家征用土地对土地所有者在土地上的投入和收益造成损失的补偿。补偿的对象是土地所有权人。具体计算标准是，征用耕地的，补偿费为该耕地被征用前 3 年平均年产值的 6～10 倍；征用其他土地的补偿费标准由省、自治区、直辖市参照征用耕地的补偿费标准，结合当地实际情况具体规定。

安置补助费是国家建设征用农民集体土地后，为了解决以土地为主要生产资料并取得生活来源的农业人口，因失去土地造成生活困难而给予的补助费用。征收耕地的，安置补助费按照需要安置的农业人口数计算。每一个需要安置的农业人口的安置补助费标准，为该耕地被征收前 3 年平均产值的 4～6 倍，最高不超过前 3 年平均产值的 15 倍。征收其他土地的，安置补助费的标准由省、自治区、直辖市参照征用耕地的补偿费标准，结合当地实际情况具体规定。

青苗补偿费是指征用土地时，对被征用土地上生长的农作物，如水稻、小麦、玉米、土豆、蔬菜等造成损失所给予的一次性经济补偿费用。由省、自治区、直辖市规定。通常，一般农作物的青苗补偿费的标准最高按一季产值计算，如果播种不久或投入较少，也可以按一季产值的一定比例计算。

地上附着物补偿费是对被征用土地上的各种地上建筑物、构筑物，如房屋、水井、道路、管线、水渠等的拆迁和恢复费以及被征用土地上林木的补偿或者砍伐费等，以拆什么补什么，拆多少补偿多少，并且不低于原有水平为原则，具体由省、自治区、直辖市规定。

其他补偿费是指除土地补偿费、地上附着物补偿费、青苗补偿费、安置补助费以外的其他补偿费用，即因征用土地给被征用土地单位和农民造成的其他方面损失而支付的费用，如水利设施恢复费、误工费、搬迁费、基础设施恢复费等。

五、争议的解决

（一）农村土地承包经营纠纷的概念和种类

农村土地承包经营纠纷主要是指当事人之间因承包土地的使用、收益、流转、调整、收回以及承包合同的履行等事项发生的争议。从纠纷主体来看，土地承包经营纠纷既包括土地承包过程中发包方与承包方发生的纠纷，也包括土地承包当事人与第三人发生的纠纷；从纠纷的内容来看，土地承包经营纠纷既包括侵犯土地承包经营权的侵权纠纷，也包括履行土地承包合同过程中的违约纠纷。

根据《农村土地承包经营纠纷调解仲裁法》第2条的规定，农村土地承包经营纠纷主要包括以下种类：（1）因订立、履行、变更、解除和终止农村土地承包合同发生的纠纷；（2）因农村土地承包经营权转包、出租、互换、转让、入股等流转发生的纠纷；（3）因收回、调整承包地发生的纠纷；（4）因确认农村土地承包经营权发生的纠纷；（5）因侵害农村土地承包经营权发生的纠纷；（6）法律、法规规定的其他农村土地承包经营纠纷。

因征收集体所有的土地及其补偿发生的纠纷，不属于农村土地承包仲裁委员会的受理范围，可以通过行政复议或者诉讼等方式解决。

（二）农村土地承包经营纠纷的解决途径

1. 协商

发生纠纷后，当事人之间在平等协商的基础上，和平解决纠纷。采取这种方式，既节省时间，又节省人力物力。但如果当事人不愿意通过协商的方式解决问题，或者协商不成时，则应该通过调解、仲裁、诉讼的途径解决。

2. 调解

调解即请求村委会、乡（镇）人民政府等调解解决。调解人可以是公民个人，也可以是人民政府及其有关部门，还可以是其他社会团体、组织。

根据《农村土地承包经营纠纷调解仲裁法》第8、9、10条的规定，当事人申请农村土地承包经营纠纷调解可以书面申请，也可以口头申请。口头申请的，由村委会或者乡（镇）人民政府当场记录申请人的基本情况、申请调解纠纷事项、理由和时间。

调解农村土地承包经营纠纷，村委会或者乡（镇）人民政府应当充分听取当事人对事实和理由的陈述，讲解有关法律以及国家政策，帮助当事人达成协议。经调解达成协议的，村委会或者乡（镇）人民政府应当制作调解协议书。调解协商书由双方当事人签字、盖章或者按手印，经调解委员会签名并盖章后生效。

调解是农村土地承包经营纠纷的有效解决途径。调解不成可以申请仲裁或诉讼。

3. 仲裁

仲裁解决是指由农村土地承包仲裁委员会根据承包纠纷当事人的申请，在查明事实，分清责任的基础上，依法对纠纷做出裁决。《农村土地承包法》规定的仲裁是一种特殊的经济纠纷仲裁方式，与一般的经济纠纷仲裁有很大的差异：

第一，申请仲裁的程序不同。一般的经济纠纷的仲裁，要求双方当事人在事先或事后达成仲裁协议，然后才能向仲裁机构提出申请；而农村土地承包经营纠纷的仲裁，则不要求当事人事前或事后有协议，只要当事人一方提出申请，有关仲裁机构即可受理。

第二，仲裁机构设置不同。仲裁法规定的仲裁机构，不按行政区划层层设立，主要在市一级；农村土地承包仲裁委员会可以在县和不设区的市设立，也可以在设区的市或者其市辖区设立。

第三，裁决的效力不同。仲裁法规定的一般经济纠纷仲裁，实行“一裁终局”；而农村土地承包经营纠纷的仲裁裁决不是终局的。当事人若不履行仲裁裁决，仲裁机构不能强制执行，而只能另行申请人民法院强制执行。

《农村土地承包经营纠纷调解仲裁法》第 20 条规定了申请农村土地承包经营纠纷仲裁应当符合下列条件：（1）申请

人与纠纷有直接的利害关系；（2）有明确的被申请人；（3）有具体的仲裁请求和事实、理由；（4）属于农村土地承包仲裁委员会的受理范围。

4. 诉讼解决

诉讼解决是指人民法院根据纠纷当事人的起诉，在查明事实，分清责任的基础上，依法作出判决，以解决纠纷的方法。农村土地承包经营纠纷中，如果当事人不愿意协商，或者通过协商、调解方式不能解决纠纷，也不愿进行仲裁时，可以直接向人民法院起诉。人民法院代表国家在查明事实的基础上，就双方当事人之间的纠纷，依照《民事诉讼法》和《最高人民法院关于审理农业承包合同纠纷若干问题的规定（试行）》，作出具有强制执行力的裁决，这种裁决具有权威性，并有国家强制力作后盾，对当事人最终权利的实现有较充分的保障。

第七节　中华人民共和国农民专业合作社法

2006年10月31日第十届全国人大常委会第二十四次会议通过了《中华人民共和国农民专业合作社法》（以下简称《农民专业合作社法》），于2007年7月1日起施行。该法的制定和颁布，是我国农民合作社事业发展史上的里程碑，对于促进农民专业合作社的建设和发展，提高农民进入市场和农业的组织化程度，推动社会主义新农村建设，具有特别重要的意义。

一、农民专业合作社概述

（一）概念和特点

农民专业合作社是在农村家庭承包经营的基础上，同类农产品的生产经营者或者同类农业生产经营服务的提供者、利用者，自愿联合、民主管理的互助性经济组织。具有以下特点：

1. 农民专业合作社以家庭承包经营为基础

家庭联产承包责任制是我国农村的基本经济制度，国家将依法保护此项制度的长期稳定。因此，农民办专业合作社并不是要否定现有的基本经济制度，而是在遵守农村土地承包经营制度的基础上，把一家一户分散的农民集中起来，搞统一经营，提高市场竞争力。

2. 农民专业合作社是专业的经济组织

农民专业合作社以同类农产品的生产或者同类农业生产经营服务为纽带，来实现成员共同的经济目的，其经营服务的内容具有很强的专业性。这里所称的“同类”，是指以《国民经济行业分类》规定的中类以下的分类标准为基础，提供该类农产品的销售、加工、运输、贮藏、农业生产资料的购买，以及与该类农业生产经营有关的技术、信息等服务。例如可以是种植专业合作社、养殖专业合作社，也可以是更具体的蘑菇种植、桑蚕养殖等专业合作社。

3. 农民专业合作社是自愿和民主的经济组织

任何单位和个人不得违背农民意愿，强迫他们成立或参加农民专业合作社。同时，农民专业合作社的各位成员在组织内部地位平等，并实行民主管理，在运行过程中应当始终体现“民办、民有、民管、民受益”的精神。

4. 农民专业合作社是互助性的经济组织

农民专业合作社是以成员自我服务为目的而成立的，参加农民专业合作社的成员，都是从事同类农产品生产、经营或提供同类服务的农业生产经营者，目的是通过合作互助提高规模效益，完成单个农民办不了、办不好的事情。这种互助性特点，决定了它以成员为主要服务对象，决定了“对成员服务不以营利为目的”的经营原则。

（二）农民专业合作社分类

农民专业合作社种类繁多，按照不同的标准可以分为不同的类型：（1）按照经营范围的不同，可以分为种植业专业合作社，如粮食、果蔬专业合作社；养殖业专业合作社，如畜牧业、水产业专业合作社；加工服务业专业合作社，如加工业、仓储业、运输业等专业合作社；（2）按照经营内容的不同，可以分为生产资料供应合作社，技术推广合作社，产供销一体化合作社；（3）按照组织方式的不同，可以分为农民自办型合作社，官办型合作社，官民结合型合作社；（4）按照组织规模的不同，可以分为小型合作社、中型合作社、大型合作社。

（三）农民专业合作社的原则

按照《农民专业合作社法》第3条的规定，农民专业合作社应当遵循以下基本原则：

1. 成员以农民为主体

为坚持农民专业合作社为农民成员服务的宗旨，使农民真正成为合作社的主人，防止他人利用、操纵合作社。本法规定，农民至少应当占成员总数的80%，同时对企业、事业单位、社会团体成员的数量进行了限制，即成员总数二十人以下的，可以有一个企业、事业单位或者社会团体成员；总数超过 20 人的，企业、事业单位和社会团体成员不得超过成员总数的 5%。

2. 以服务成员为宗旨，谋求全体成员的共同利益

一方面，农民专业合作社以其成员为主要服务对象，坚持以服务成员为宗旨。农民加入农民专业合作社后，可以享受合作社提供的专业性的产前、产中、产后服务，更好地发展生产。农民专业合作社则将社员分散生产的农产品和需要的服务集聚起来，以规模化的方式，进入市场，改变了单个农民的市场弱势地位。另一方面，农民专业合作社为成员服务，还必须坚持谋求全体成员的共同利益。不论是农民个人成员还是企业等团体成员，加入合作社都是为了享受合作社提供的服务，本质上是成员的共同利益的联合体，这种共同利益是成员间进行合作开展一致行动的基础，同时只有谋求共同利益才能保证全体成员的利益最大化，实现每一个成员加入合作社的目的。

3. 入社自愿、退社自由

农民专业合作社是互助性经济组织，凡符合农民专业合作社章程规定的条件，履行章程规定的入社手续，都可以成为农民专业合作社的成员。农民可以自愿加入一个或者多个农民专业合作社，入社不改变家庭承包经营；农民也可以自由退出农民专业合作社，退出的，应当按照章程的规定，退还记载在该成员账户内的出资额和公积金份额，并将成员资格终止前的可分配盈余，依法返还给成员。

4. 成员地位平等，实行民主管理

农民专业合作社是以农民为主体的互助性经济组织，为

了保证农民成员对本社的民主管理，法律做了两个方面的明确规定：（1）农民专业合作社成员大会是本社的权力机构，其选举和表决，实行一人一票制，成员出资多少与成员的表决权没有直接联系；（2）农民专业合作社必须建立符合法律规范和适应自身需要的治理结构，成员可以通过民主程序直接控制本社的生产经营活动。

5. 盈余主要按照成员与农民专业合作社的交易量比例返还

盈余分配方式的不同是农民专业合作社与其他经济组织的重要区别。为了保护成员的积极性，法律规定农民专业合作社的盈余主要按照成员与合作社的交易量返还，返还的总额不得低于可分配盈余的60%，其余部分可以分红的方式按成员在合作社财产中相应的比例分配。

二、农民专业合作社的组建

（一）条件

1. 至少要有五名以上的成员

在这些成员当中，农民要占80%以上。社会团体法人、企业法人也可以加入农民专业合作社，但不能超过5%。如果合作社成员不到20人的时候，法人成员只能有一个。

2. 有符合本法规定的章程

章程是合作社最重要的一个文件，凡有关合作社的重要事项都要由章程来规定，比如名称住所；业务范围；成员资格及入社、退社和除名；成员的权利和义务；盈余的分配等等，都要由章程来规定。对章程的修改，必须由本社成员表决权总数的2/3以上通过，同时到工商机关进行变更登记。

3. 有符合本法规定的组织机构

农民专业合作的组织机构包括成员大会或成员代表大会、理事长、理事会、执行监事或监事会。其中必须设立的机关只有两个：理事长和成员大会，其余机关是否设立，均由合作社根据自己的实际情况确定。

4. 有符合法律、行政法规规定的名称和章程确定的住所

住所就是合作社的业务活动场所，可以是合作社自己建立的一个专门的场所，也可以是租用的场所。名称是法人之间相互区别的标准，是其独立人格的体现，农民专业合作社的名称应当含有“专业合作社”字样，并符合国家有关企业名称登记管理的规定。

5. 有符合章程规定的成员出资

法律没有要求加入合作社的社员必须得出资。是否出资，用什么方式出资，这些都由农民自己在成立合作社的时候用合作社的章程来决定的。但是如果有出资的话，一定要记载在章程当中。为了规范出资，《农民专业合作社登记管理条例》第八条对出资形式做出了一些相应的规定，即“农民专业合作社成员可以用货币出资，也可以用实物、知识产权等能够用货币估价并可以依法转让的非货币财产作价出资。成员以非货币财产出资的，由全体成员评估作价。成员不得以劳务、信用、自然人姓名、商誉、特许经营权或者设定担保的财产等作价出资。成员的出资额以及出资总额应当以人民币表示。成员出资额之和为成员出资总额。”

（二）程序

1. 发起筹备

在专业合作社的筹备阶段主要工作由发起人来做：（1）

成立筹备委员会，制定筹备工作方案；（2）由发起人拟定社名，确立业务范围；（3）准备发起申请书。申请书的内容主要包括本社宗旨，业务范围，经营效益，内设机构和下属组织等。

2. 申报批准

向有关部门申报批准，主要是便于主管部门加强业务指导和管理。主管部门接到合作组织发起人报送的组建申请书后，应认真进行审查，符合条件的，即下达同意组建批复。

3. 制定合作社章程

章程是为规范合作社内部关系，统一开展生产经营活动的原则和办事程序而制定的规程。章程的起草由发起人负责，然后在成立大会上讨论通过。申请人接到主管部门准予组建的批复公文后，应即时召开筹委会，吸纳会员，参照有关示范章程拟定本组织章程及业务计划草案。

4. 推荐理事会、监事会候选人名单

依托有关部门和社会力量创建的合作组织，应注意吸纳足够数量的农民成员参加理事会和监事会。

5. 召开成立大会

成员人数和入社股金达到章程规定的数额，完成了章程规定的各项条件后，即可以召开成立大会。成立大会是第一次成员大会，其成功与否十分重要。根据《农民专业合作社法》的规定，成立大会具有以下职权：（1）宣读章程草案，并请讨论后表决通过；（2）选举产生理事长、理事、执行监事或者监事会成员；（3）审议其他重大事项。

6. 登记、注册

农民专业合作社由工商行政部门依照国家的法律进行登

记，发给营业执照。

三、农民专业合作社的治理结构

（一）成员的权利和义务

根据《农民专业合作社法》第 16 条的规定，农民专业合作社的成员享有以下权利：（1）对合作社的民主管理权。具体包括：①参加成员大会；②行使表决权；③享有选举权和被选举权；（2）利用本社提供的服务和生产经营设施的权利。农民专业合作社以服务成员为宗旨，谋求全体成员的共同利益。作为农民专业合作社的成员，有权利用本社提供的服务和本社置备的生产经营设施；（3）按照章程规定或者成员大会决议分享盈余的权利。农民专业合作社获得的盈余依赖于成员产品的集合和成员对合作社的利用，本质上属于全体成员。因此，法律保护成员参与盈余分配的权利，成员有权按照章程规定或成员大会决议分享盈余；（4）知情权。社员有权查阅本社的章程、成员名册、成员大会或者成员代表大会记录、理事会会议决议、监事会会议决议、财务会计报告和会计账簿，特别是了解农民专业合作社经营状况和财务状况，以便监督农民专业合作社的运营；（5）章程规定的其他权利。

根据《农民专业合作社法》第十八条的规定，农民专业合作社的成员应当履行以下义务：（1）执行成员大会、成员代表大会和理事会的决议；（2）按照章程规定向本社出资；（3）按照章程规定与本社进行交易；（4）按照章程规定承担亏损；（5）章程规定的其他义务。

（二）组织机构

《农民专业合作社法》第四章规定了农民专业合作社的

组织机构。因为农民专业合作社的规模不同、经营内容不同，设立的组织机构也并不完全相同，《农民专业合作社法》对某些机构的设置不是强制性规定，而要由合作社自己根据需要决定。农民专业合作社通常可以有以下机构：

1. 成员大会

成员大会是农民专业合作社的权力机构，按法律规定必须设立，享有修改章程等八项职权。如果合作社的组织规模较大，成员人数较多（超过 150 人），可以按照章程规定设立成员代表大会。通常情况下，代表大会可以行使成员大会的部分职权，也可以是全部职权。

2. 理事长、理事会和法定代表人

根据《农民专业合作社法》第二十六条的规定，农民专业合作社设理事长一名，可以设理事会，理事长为本社的法定代表人。

3. 执行监事或者监事会

为加强合作社的内部监督，农民专业合作社可以根据需要设立执行监事或者监事会，理事长、理事、经理和财务会计人员不得兼任监事。

4. 经理及其职能部门

为了方便合作社的经营，提高合作社的效益，农民专业合作社可以聘任经理和财务会计人员，负责具体的经营事务和财务会计工作。对经理和财会人员的聘任要以成员大会的决定为依据，由理事长或者理事会选聘,理事长或者理事可以兼任经理。

根据《农民专业合作社法》第 29 条规定，农民专业合作社的理事长、理事和管理人员不能有下列行为：（1）侵占、挪用或者私分本社资产；（2）违反章程规定或者未经成员大会同意，将本社资金借贷给他人或者以本社资产为他人提供担保；（3）接受他人与本社交易的佣金归为己有；（4）从事损害本社经济利益的其他活动。如果理事长、理事和管理人员违反该规定，其从事该活动所得的收入，应当归本社所有；给本社造成损失的，应当承担赔偿责任。

四、农民专业合作社的财务管理

农民专业合作社的财务管理是指农民专业合作社依据法律法规与财务制度对本社财务收支、会计核算等活动进行的管理，是记载并核算本社各种经济活动效益、盈亏状况的基础。《农民专业合作法》确立了以下财务管理制度：

（一）财务公开制度

法律确立了农民专业合作社的财务公开制度，便于成员通过成员大会等方式对本社的年度业务报告、盈余分配方案、亏损处理方案以及财务会计报告等进行监督。

（二）公积金制度

由于农民专业合作社在经营中对资金的需求不同，因此是否提取公积金，由章程规定或者根据成员大会的决议确定。如果提取了公积金，应当用于弥补亏损、扩大生产经营或者转为成员出资。

（三）成员账户制度

为了明确界定成员与合作社之间的财产关系，农民专业合作社应当为每个成员设立成员账户，一方面作为成员参与本社盈余分配的依据，另一方面在成员资格终止时作为返还财产的依据。成员账户主要记录三项内容：成员在入社时的出资、在合作社期间的公共积累，以及交易量情况。

（四）盈余分配制度

盈余分配是合作社财务管理工作的核心，也是处理成员与组织之间以及成员相互之间利益关系的核心。根据《农民专业合作社法》的规定，合作社形成的可分配盈余办法应当由章程规定或者经成员大会决议确定，其中，可分配盈余的60%以上应当以成员与本社的交易量为依据比例返还与成员，其余部分以成员账户中记载的出资额和公积金份额为基础，并将本社接受的国家财政直接补助和他人捐赠形成的财产平均量化到成员的份额，按比例分配给本社成员。这样，一方面有助于鼓励成员利用合作社，另一方面有利于鼓励成员向合作社出资，缓解合作社在经营过程中的资金困难。

五、农民专业合作社的变更、解散与清算

（一）变更

农民专业合作社的变更主要是指合并与分立两种情形。合并有吸收合并和新设合并，分立有派生分立和新设分立，其程序与其他企业法人大同小异。农民专业合作社的变更，重点是要解决变更后债权债务的承继问题。合作社合并的，不论是吸收合并还是新设合并，其债权债务应当由合并后存续或者新设的组织承继；合作社分立的，如果事先没有与债权人之间达成协议，则应由分立后的组织相互连带对分立前的债务承担责任。

（二）解散与清算

解散是指农民专业合作社因出现了法律规定的原因停止经营活动，并使法人资格消灭的行为。清算，是终结现存的法律关系，处理其剩余财产，使之归于消灭的程序。除合并

与分立两种情形外，合作社解散后都应当依法进行清算.未经清算就自行终止的行为是没有法律效力的，不受法律保护。

基于农民专业合作社的特殊性，法律对其解散和清算作出了与其他法律不同的规定：（1）在清算时，如果清算组已经就清算事项通知其所有成员和债权人的，则免除其公告义务；（2）接受国家财政直接补助形成的财产在解散破产清算时，不得作为可分配剩余财产分配给成员，而应当按照国务院规定的办法处置；（3）农民专业合作社破产时，其破产财产在清偿破产费用和共益债务后，应当优先清偿破产前与农民成员已发生交易但尚未结清的款项，具有优先受偿的性。农民专业合作社清算结束以后，应当依法办理注销登记，终止其法人资格。

六、国家对农民专业合作社的扶持

由于我国农民专业合作社起步较晚，还处在发展的初期阶段，各地农民专业合作社的发展很不平衡，因此，需要国家通过各种政策措施给予扶持，以促进农民专业合作社的健康发展。

《农民专业合作社法》明确规定，国家支持发展农业和农村经济的建设项目，可以委托和安排有条件的有关农民专业合作社实施。中央和地方财政应当分别安排资金，支持农民专业合作社开展信息、培训、农产品质量标准与认证、农业生产基础设施建设、市场营销和技术推广等服务。对民族地区、边远地区和贫困地区的农民专业合作社，以及生产国家和社会急需的重要农产品的农民专业合作社给予优先扶持。国家政策性金融机构应当采取多种形式，为农民专业合作社提供多渠道的资金支持。国家鼓励商业性金融机构采取多种形式，为农民专业合作社提供金融服务。农民专业合作社享受国家规定的对农业生产、加工、流通、服务和其他涉农经济活动相应的税收优惠。支持农民专业合作社发展的其他税收优惠政策，由国务院规定。以上这些规定，充分体现了国家对农民专业合作社乃至新农村建设的支持力度，对于促进农业农村经济全面发展，构建和谐社会具有重大而深远的意义。

第八节 四川省农药管理条例

四川省农药管理条例于 1999 年 8 月 14 日四川省第九届人民代表大会常务委员会第十次会议通过，并根据 2005 年 5 月 26 日四川省第十届人民代表大会常务委员会第十五次会议《关于修改〈四川省农药管理条例〉的决定》进行了修正，该条例是结合了四川的实际情况而制定的，对农药事业的发展具有极为重要的意义。

一、农药的概念和分类

农药是指用于预防、消灭或者控制危害农业、林业的病害、虫害、草害和其他有害生物以及有目的地调节植物、昆虫生长的化学合成或者来源于生物、其他天然物质的一种物质或者几种物质的混合物及其制剂。

根据不同的标准可以作不同的分类：（1）根据化学结构可分为有机磷类、有机氯类、拟除虫菊酯类；（2）根据用途可分为杀虫剂、杀菌剂、杀螨剂、杀鼠剂、除草剂、特异剂和植物生长调节剂等；（3）根据来源可分为矿物农药、植物性农药、有机农药、微生物农药；（4）根据剂型可分为乳油、悬浮剂、水乳剂、可湿性粉剂、水分散粒剂等。

二、农药登记制度

农药登记管理是我国重要的农药管理制度之一，是一种在农药进入市场前，由国家主管部门对其按法定程序和标准进行规定项目的审查，对符合要求的给予登记，批准其生产、流通和使用的市场准入制度。

（一）农药登记

生产农药以及含有农药有效成分的肥料、进口农药和分装农药，必须申请农药登记。农药登记申请，应向省农业行政主管部门提出。具体工作由省农业行政主管部门所属的农药检定机构办理。

（二）农药登记的种类

1. 新农药登记

即含有的有效成分尚未在我国批准登记的国内外农药原药和制剂登记。

2. 新制剂登记

新制剂登记是指含有的有效成分与已经登记的相同，而剂型、含量（配比）尚未在我国批准登记的制剂登记。

3. 新使用范围和使用方法登记

新使用范围和方法登记是指有效成分和制剂与已经登记过的相同，产品质量无任何变化，而使用范围和方法尚未在我国登记过。

4. 相同产品登记

相同产品登记是指申请登记的农药产品与已取得登记的

产品在质量、有效成分含量或使用范围和使用方法等方面无明显差异或基本一致的登记。相同产品登记包括相同原药、相同制剂、相同使用范围和使用方法的登记。

5. 续展登记

续展登记主要指农药经临时登记或正式登记后，有效期届满但需要继续生产或销售而申请延长有效期的登记。其中临时登记满 4 年的，同一产品不能再续展。

6. 变更登记

变更登记主要指农药经临时登记或正式登记后，在有效期内改变其剂型、使用范围或使用方法而进行的登记。

7. 分装登记

一个农药生产企业在获得另一个农药生产企业授权特大包装产品改为小包装时，须到农药登记机关办理农药登记，此种登记称之分装登记。

8. 特殊需要临时登记

某些尚未登记甚至已被禁用或限用的农药，在遇紧急需要（如发生严重疫情或灾害等）时，经农业部与有关部门协商准许在一定范围、一定期限内使用或临时进口而进行的登记。

（三）农药登记的程序

1. 申请

申请农药登记的单位应向省农业行政主管部门所属的农药检定机构提交农药产品化学、毒理学、药效、残留、环境影响、标签等资料及农药样品。用于农药登记的药效试验和毒理学试验，必须由具有国家规定的有试验资格的单位进行。有试验资格的单位不得为本单位农药产品进行登记试验。

2. 审查

省农业行政主管部门所属的农药检定机构收到农药登记资料和农药样品后，应当及时进行审查，并在30日内书面通知申请人。

3. 农药标签

申请登记的农药产品，必须具有经省以上农业行政主管部门所属的农药检定机构审查批准的农药标签，其内容包括：（1）农药名称、商品名和通用名；（2）有效成分、含量、剂型和净重量或净容量；（3）农药登记证号；（4）农药生产许可证号（或生产批准文件号）、产品标准号，但进口的原装农药除外；（5）农药类别颜色标志条、毒性标志；（6）产品性能、使用说明和注意事项；（7）生产日期（批号）；分装农药必须同时标明分装日期（批号）；（8）质量保证期；（9）企业名称、地址、电话、邮政编码；分装农药必须同时注明生产、分装企业的名称。农药标签确实无法记载上款内容的，应当附具与标签具有同等效力的说明书，补充完善上款内容。经批准的农药标签需要变更的，应重新报批,禁止假冒、伪造或擅自更改农药标签。

三、农药生产制度

（一）农药生产许可（批准）的范围

开办农药生产企业，必须经国家工业产品许可管理部门审核批准。其核准的范围包括：新开农药生产厂点、原有分装厂点进行制剂加工、新增原药生产、外商来华投资的农药项目。

（二）农药生产企业必须具备的条件

农药生产企业为了取得生产许可（批准）必须具备以下

条件:（1）有与其生产的农药相适应的技术人员和技术工人；（2)有与其生产的农药相适应的厂房、生产设施和卫生环境；（3）有符合国家劳动安全、卫生标准的设施和相应的劳动安全、卫生管理制度；（4）有产品质量标准和产品质量保证体系；（5）所生产的农药是依法取得农药登记的农药；（6）有符合国家环境保护要求的污染防治设施和措施，并且污染物排放不超过国家和地方规定的排放标准。只有具备上述基本条件的农药企业，向国家工业产品许可管理部门申报核准后，方可依法向工商行政管理机关申请领取营业执照。

（三）办理农药生产核准所需文件和审批程序

需要提交的文件包括省、自治区、直辖市工业产品许可管理部门审核同意的关于申请给予定点生产、加工、分装农药产品的申请报告；地、市级以上环境保护部门关于统一进行农药生产的批复文件；提供符合要求的项目建议书，采用的技术工艺路线，主要原材料来源，产品建设规模，销售去向，“三废”产生情况及处理方案，投资总额及资金来源，独资、合资期限，产品执行的标准文本等。

对上述文件完备的申报企业，由当地工业产品许可管理部门上报到省、自治区、直辖市工业产品许可管理部门初审，初审同意后转报国家工业产品许可管理部门审核，审核通过后办理核准批文。凡审查不合格的，取消农药生产资格。

四、农药经营制度

农药是关系到国民经济大局的重要生产和生活资料，因此我国对农药的经营实施许可证制度。其目的是保证这些产品的质量，最大限度地避免这些产品的负面影响。

（一）农药经营许可单位

根据《四川省农药管理条例》第10条规定，以下单位可以经营农药：（1）供销合作社的农业生产资料经营单位；（2）植物保护站；（3）土壤肥料站；（4）农业、林业技术推广机构；（5）森林病虫害防治机构；（6）农药生产企业；（7）国务院规定的其他经营单位。上述单位设立网点经营农药的，应当加强对经营网点的管理，并对经营网点的行为承担法律责任。禁止农药监督执法单位及其工作人员参与农药经营活动。

（二）农药经营单位的基本条件

根据《四川省农药管理条例》第12条规定，经营农药的单位、网点，具备下列条件和有关法律、行政法规规定的条件，并依法向工商行政管理机关申请领取营业执照后，方可经营农药。这些条件包括：（1）农药经营人员必须参加有关农药法律、法规及知识培训并经县级以上农业行政主管部门考核合格；（2）有与其经营的农药相适应的营业场所、设备、仓储设施、安全防护措施和环境污染防治设施、措施；（3）有与其经营的农药相适应的规章制度；（4）有与其经营的农药相适应的质量管理制度和管理手段。

（三）申领《农药经营许可证》的条件

只有符合上述条件的部门和单位才有资格经营农药。但经营农药还应申领《农药经营许可证》。具体条件包括：（1）有两名以上具备一定技术水平的技术人员，要求具有中专以上学历、国家认可的专业技术职称资格，并经市级以上农业行政主管部门培训合格取得上岗证的人员；（2）有单独的门市部，面积不少于10平方米，库房面积不少于10平方米（毒、烟剂类农药应具备单独存放条件)、库房应具通风设施；(3)具有完善的仓储、安全防护、环境污染防治等规章制度；(4)具有完善的进货检查、检验制度、质量事故报告制度、农药购销记录制度。这些条件是审核农药经营许可证所必需的，缺一不可。之所以规定这些条件，是为了保证农药经营单位在运作过程中避免重大事故和损害农民利益案件的发生。

(四）农药经营单位不得经营的农药

根据《四川省农药管理条例》第20条、第21条、第22条的规定，农药经营单位不得经营的农药有：

(1)未经农药登记和未取得农药生产许可证或者农药生产批准文件的；(2）未经农药登记的含有农药有效成分的肥料；(3）国家已撤销农药登记或明令禁止生产的；(4）假冒、劣质农药；(5）包装上无标签的、标签内容不齐全又无说明书作补充的或者标签残缺不清的；(6）超过质量保证期限报废的；(7）省农业行政主管部门明文规定禁止经营、使用的。

超过产品质量保证期限的农药产品，如需继续销售的，其生产者、经营者必须向省农业行政主管部门所属的农药检定机构报检，经检验具有使用价值的，可以在规定期限内销售，但必须注明“过期农药”字样，并附其使用方法和用量。

农药经营单位或经营网点购进农药时，应当向生产企业（或供货单位）索取农药登记证、生产许可证（或生产批准文件）复印件，与农药产品标签标明的内容核对无误，并经查验具有产品质量合格证后，方可进货。

农药生产企业、农药经营单位或经营网点出售农药，必须开具售货票据。农药经营单位或经营网点以及农药使用者购买农药，有权索取购货票据。同时，农药经营单位或经营网点的营业人员，应当向农药使用者正确说明农药的用途、使用方法、用量、中毒急救措施和注意事项，不得误导农药使用者扩大农药的适用范围。

五、农药使用制度

农药作为防治病、虫、草害的有效物质，在保证农业高产中发挥着重要的作用，但如果使用不当，则有可能对人体和环境造成严重损害，因此，加强农药的使用管理以避免或减轻这种损害，具有极为重要的意义。

第一，农药应按照高毒、中毒、低毒分类管理。高毒农药不准用于蔬菜、茶叶、果树、中药材等作物，不准用于防治卫生害虫与人畜皮肤病。禁止用农药毒鱼、虾、蛙和有益的鸟兽。

第二，农药应由使用单位指定专人凭证购买。农药的品名、有效成分含量、出厂日期、使用说明等鉴别不清和质量失效的农药不准使用。运输农药时发现有渗漏、破裂的，应用规定的材料包装后运输，并及时妥善处理被污染的地面、运输工具和包装材料。

第三，农药不得与粮食、蔬菜、瓜果、食品、日用品等混载、混放。农药进出仓库应建立登记手续，不得随意存取。在使用过程中，配药人员要带胶皮手套，必须用量具按照规定的剂量称取药液或药粉，严禁用手搅拌；配药和拌种应选择远离饮用水源，居民点的安全地方，专人看管，严防农药或毒种散失或被人、畜家禽误食。使用过高毒农药的地方应竖立标志，在一定时间内禁止放牧、割草、挖野菜。

省农业行政主管部门应当根据本省实际情况，适时向社会公开发布在一定区域内推广、轮换、限制或禁止使用的农药品种。县级以上农业行政主管部门负责本行政区域内的农药安全使用、合理使用的指导工作，并组织对农药使用者进行农药知识和使用技术培训。同时，应定期对安全使用农药的情况实施监督检查，做好主要农副产品农药残留量的检测工作，并定期公布检测结果。

第九节 植物检疫条例

国务院《植物检疫条例》（以下简称为《条例》）于 1983 年 1 月 3 日发布，1992 年 5 月 13 日国务院第 98 号令修订发布施行。为贯彻《条例》，农业部颁布了《植物检疫条例实施细则（农业部分）》《农业植物疫情报告与发布管理办法》等，四川省人民代表大会常务委员会颁布了《四川省植物检疫条例》。

一、主管部门和执法主体

《条例》规定农业部、省农业厅主管全国和本地区的植物检疫工作，县级以上地方各级农业主管部门所属的植物检疫机构，负责执行国家的植物检疫任务，即《条例》授权各级农业行政主管部门所属的植物检疫站或植保植检站为植物检疫的执法主体。

二、植物检疫人员

各级植物检疫机构必须配备专职植物检疫员，并可根据工作需要在科研、教学、生产和其他有关单位（如乡镇农技站等）聘请兼职植物检疫员，协助开展植物检疫工作。

植物检疫人员进入车站、机场、港口、仓库以及其他有关场所执行植物检疫任务，应穿着检疫制服和佩带检疫标志。

三、植物检疫对象和应施检疫名单的制定和发布

以前在我国被广泛使用的“检疫对象”现已被“检疫性有害生物”所代替，但《条例》中仍为“检疫对象”，故以下从其用法。

（一）制定的原则

病、虫、杂草被确定为植物检疫对象必须同时满足以下三个条件：一是局部地区发生，二是危险性大，三是能随植物及其产品传播。

（二）制定和发布机构

全国农业植物检疫对象和应施检疫的植物、植物产品名单，由农业部制定发布；本省补充的检疫对象名单，由各省农业厅制定发布，并报农业部备案。

四、植物疫情的管理

（一）疫情的调查与普查

县级以上植物检疫机构负责监测、调查本行政区域内的农业植物疫情。对本地区的植物检疫对象应每 3～5 年调查 1 次，重点对象 1 年调查 1 次，并根据调查结果编制检疫对象分布资料。

（二）疫情的报告与发布

1. 疫情报告

县级以上植物检疫机构应向社会公布农业植物疫情报告及联系方式。

有下列情形之一的，市、县级植物检疫机构应当在 12 小时内报告省农业厅植物检疫站和本级农业（农牧）局；省农业厅植物检疫站经核实后，应当在 12 小时内报告农业部所

属的植物检疫机构和省农业厅；农业部所属的植物检疫机构应当在12小时内报告农业部：

（1）在本行政区域内发现境外新传入或境内新发现的潜在的农业植物检疫性有害生物；

（2）全国农业植物检疫性有害生物在本行政区域内新发现或暴发流行；

（3）经确认已经扑灭的全国农业植物检疫性有害生物在本行政区域内再次发生。

2．疫情发布

全国农业植物检疫性有害生物及其首次发生和疫情解除情况，由农业部发布；省补充的农业植物检疫性有害生物及其发生、疫情解除情况、全国农业植物检疫性有害生物在本省内的发生及处置情况，由省农业厅发布。

在农业部或省农业厅发布疫情后，疫情发生地的市、县级农业（农牧）局及其所属的植物检疫机构应当及时向社会通告相关疫情在本行政区域内发生的具体情况，指导有关单位和个人开展防控工作。

农业部和省农业厅以外的其他单位和个人不得以任何形式发布农业植物疫情。

（三）疫情的控制和消灭

1. 划定疫区和保护区

（1）划定的原则和目的

局部地区发生植物检疫对象的，应划为疫区，采取封锁、消灭措施，防止植物检疫对象传出。疫区内的种子、苗木及其他繁殖材料和应施检疫的植物、植物产品，限制在疫区内种植、使用，禁止运出疫区。

发生地区已比较普遍的，则应将未发生地区划为保护区，防止植物检疫对象传入。

（2）划定和撤销的程序

疫区和保护区划定程序为：由省农业厅提出划定方案，报省人民政府批准，并报农业部备案。

疫区和保护区的改变和撤销的程序，与划定时相同。

2. 设立植物检疫检查站

在疫情发生区，植物检疫机构可以派人参加当地的道路联合检查站或者木材检查站；发生特大疫情时，经省人民政府批准，可以设立植物检疫检查站，开展植物检疫工作。

（四）疫情普查和防控的组织

植物检疫对象的普查，重大疫情的控制和消灭由地方各级人民政府组织，其费用纳入财政安排。特大疫情的防治费，国家酌情给予补助。

五、应施检疫的范围

调运植物和植物产品属于下列情况的，必须经过检疫：

（1）列入应施检疫的植物、植物产品名单的，运出发生疫情的县级行政区域之前，必须经过检疫；

（2）凡种子、苗木和其他繁殖材料，不论是否列入应施检疫的植物、植物产品名单和运往何地，在调运之前，都必须经过检疫。

（3）对可能受疫情污染的包装材料、运载工具、场地、仓库等也应实施检疫。

六、产地检疫和调运检疫

（一）产地检疫

1. 各级植物检疫机构对本辖区的原种场、良种场、苗圃以及其他繁育基地，按照国家和地方制定的《植物检疫操作规程》实施产地检疫，有关单位或个人应给予必要的配合和协助。

2. 种子、苗木和其他繁殖材料的繁育单位或个人，必须有计划地在无检疫对象分布的地区建立种苗繁育基地。新建的良种场、原种场、苗圃等，在选址以前，应征求当地植物检疫机构的意见；植物检疫机构应帮助种苗繁育单位选择符合检疫要求的地方建立繁育基地。

3. 试验、示范、推广的种子、苗木和其他繁殖材料，必须事先经过植物检疫机构检疫，查明确实不带植物检疫对象的，发给植物检疫证书后，方可进行试验、示范和推广。

（二）调运检疫

1. 省间调运程序

（1）调入单位或个人必须事先征得所在地的省、自治区、直辖市植物检疫机构或其授权的地（市）、县级植物检疫机构同意，并取得植物检疫要求书；

（2）调出地的省、自治区、直辖市植物检疫机构或其授权的当地植物检疫机构，凭调出单位或个人提供的调入地检疫要求书受理报检，并实施检疫。检疫合格后签发植物检疫证书，方可调运。

2. 省内调运程序

调运应施检疫的植物、植物产品的单位或个人，在调运前都必须向调出所在地的县级以上植物检疫机构申请报检，并实施检疫。检疫合格后签发植物检疫证书，方可调运。

3. 调入地复检

调入地植物检疫机构，对来自发生疫情的县级行政区域的应检植物、植物产品，或者其他可能带有检疫对象的应检植物、植物产品可以进行复检。复检中发现问题的，应当与原签证植物检疫机构共同查清事实，分清责任，由复检的植物检疫机构按照《植物检疫条例》的规定予以处理。

（三）植物检疫证书的签发

1. 植物检疫证书由专职植物检疫员署名签发，证书有效期不得超过 30 天。

2. 植物检疫证书应加盖签证机关植物检疫专用章；授权签发的省间调运植物检疫证书还应当盖有省级植物检疫机构的植物检疫专用章。

3. 调出单位所在地的省级植物检疫机构或其授权的市、县级植物检疫机构，按下列不同情况签发植物检疫证书：

第一，在无植物检疫对象发生地区调运植物、植物产品，经核实后签发植物检疫证书；

第二，在零星发生植物检疫对象的地区调运种子、苗木等繁殖材料时，应凭产地检疫合格证签发植物检疫证书；

第三，对产地植物检疫对象发生情况不清楚的植物、植物产品，必须按照《调运检疫操作规程》进行检疫，证明不带植物检疫对象后，签发植物检疫证书。

在调运检疫过程中，发现有检疫对象时，必须严格进行除害处理，合格后，签发植物检疫证书；未经除害处理或处理不合格的，不准放行。

（四）相关部门责任

对应施检疫的植物、植物产品，托运人应当凭植物检疫证书（正本）办理托运或者邮寄手续。无植物检疫证书或者货证不符的，铁路、航空、邮政、交通承运部门和其他从事运输的单位或个人不得运递，并应当及时通知植物检疫机构。植物检疫证书应随货运寄。

七、国外引种检疫审批

从国外引进种子、苗木，引进单位应当向所在地的省级植物检疫机构提出申请，办理检疫审批手续。

从国外引进、可能潜伏有危险性病、虫害的种子、苗木和其他繁殖材料，引进后必须在指定的地点集中进行隔离试种。隔离试种的时间，一年生作物不得少于一个生育周期，多年生作物不得少于两年。植物检疫机构应进行调查、观察和检疫，证明确实不带危险性病、虫害的，方可分散种植。

八、奖励和处罚

（一）在植物检疫工作中做出显著成绩的单位和个人，由人民政府给予奖励。

（二）有下列行为之一的，植物检疫机构应当责令纠正，可以处以罚款；造成损失的，应当负责赔偿；构成犯罪的，由司法机关依法追究刑事责任：

1. 未依照本条例规定办理植物检疫证书或者在报检过程中弄虚作假的；

2. 伪造、涂改、买卖、转让植物检疫单证、印章、标志、封识的；

3. 未依照本条例规定调运、隔离试种或者生产应施检疫的植物、植物产品的；

4. 违反本条例规定，擅自开拆植物、植物产品包装，调换植物、植物产品，或者擅自改变植物、植物产品的规定用途的；

5. 违反本条例规定，引起疫情扩散的。

（三）有前第 1、2、3、4 项所列情形之一，尚不构成犯罪的，植物检疫机构可以没收非法所得。

（四）对违反本条例规定调运的植物和植物产品，植物检疫机构有权予以封存、没收、销毁或者责令改变用途。销毁所需费用由责任人承担。

（五）植物检疫人员在植物检疫工作中，交通运输部门和邮政部门有关工作人员在植物、植物产品的运输、邮寄工作中，徇私舞弊、玩忽职守的，由其所在单位或者上级主管机关给予行政处分；构成犯罪的，由司法机关依法追究刑事责任。

第十节 中华人民共和国农业部肥料登记管理办法

为了加强肥料管理，保护生态环境，保障人畜安全，促进农业生产，国务院根据《中华人民共和国农业法》等法律法规，制定了《中华人民共和国农业部肥料登记管理办法》（以下简称肥料登记管理办法），于 2000 年 6 月 12 日经农业部常务会议通过，并发布施行。适用于在中华人民共和国境内的一切生产、经营、使用和宣传肥料产品的活动，国家鼓励研制、生产和使用安全、高效、经济的肥料产品。

一、肥料登记管理概述

肥料是指用于提供、保持或改善植物营养和土壤物理、化学性能以及生物活性，能提高农产品产量，或改善农产品品质，或增强植物抗逆性的有机、无机、微生物及其混合物料。农业是国家的基本，肥料是改良种植环境，提高粮食产量的重要手段，但是另一方面，肥料因为其所含有各类化学物质，其对环境、对人类、对各类动植物的负面作用也不容忽视。为规范肥料市场，保证农民放心使用肥料，国家实行肥料登记管理制度，未经登记的肥料产品不得进口、生产、销售和使用，不得进行广告宣传。

肥料登记分为临时登记和正式登记两个阶段：（1）临时登记：经田间试验后，需要进行田间示范试验、试销的肥料产品，生产者应当申请临时登记；（2）正式登记：经田间示范试验、试销可以作为正式商品流通的肥料产品，生产者应当申请正式登记。

农业部负责全国肥料登记和监督管理工作，省、自治区、直辖市人民政府农业行政主管部门协助农业部做好本行政区域内的肥料登记工作，县级以上地方人民政府农业行政主管部门负责本行政区域内的肥料监督管理工作。

二、登记申请

根据《肥料登记管理办法》规定，凡经工商注册，具有独立法人资格的肥料生产者均可提出肥料登记申请。肥料生产者申请肥料登记，应按照农业部《肥料登记资料要求》提供产品化学、肥效、安全性、标签等方面资料和有代表性的肥料样品。农业部种植业管理司负责或委托办理肥料登记受理手续，并审查登记申请资料是否齐全。境内生产者申请肥料临时登记，其申请登记资料应经其所在地省级农业行政主管部门初审后，向农业部种植业管理司或其委托的单位提出申请。

生产者申请肥料临时登记前，须在中国境内进行规范的田间试验。对有国家标准或行业标准，或肥料登记评审委员会建议经农业部认定的产品类型，可相应减免田间试验和/或田间示范试验。境内生产者生产的除微生物肥料以外的肥料产品田间试验，由省级以上农业行政主管部门认定的试验单位承担，并出具试验报告。微生物肥料、国外以及港、澳、台地区生产者生产的肥料产品田间试验，由农业部认定的试验单位承担，并出具试验报告。肥料产品田间示范试验，由农业部认定的试验单位承担，并出具试验报告。

省级以上农业行政主管部门在认定试验单位时，应坚持公正的原则，综合考虑农业技术推广、科研、教学试验单位。认定的试验单位应接受省级以上农业行政主管部门的监督管理。试验单位对所出具的试验报告的真实性承担法律责任。

有下列情形的肥料产品，登记申请不予受理：（1）没有生产国使用证明（登记注册）的国外产品；（2）不符合国家产业政策的产品；（3）知识产权有争议的产品；（4）不符合国家有关安全、卫生、环保等国家或行业标准要求的产品。此外，对经农田长期使用，有国家或行业标准的下列产品免予登记：硫酸铵，尿素，硝酸铵，氰氨化钙，磷酸铵（磷酸一铵、二铵），硝酸磷肥，过磷酸钙，氯化钾，硫酸钾，硝酸钾，氯化铵，碳酸氢铵，钙镁磷肥，磷酸二氢钾，单一微量元素肥，高浓度复合肥。

三、登记审批

农业部负责全国肥料的登记审批、登记证发放和公告工作。

符合下列条件的产品由农业部直接审批、发放肥料临时登记证：（1）有国家或行业标准，经检验质量合格的产品；（2）经肥料登记评审委员会建议并由农业部认定的产品类型，申请登记资料齐全，经检验质量合格的产品。

肥料临时登记证有效期为一年。肥料临时登记证有效期满，需要继续生产、销售该产品的，应当在有效期满两个月前提出续展登记申请，符合条件的经农业部批准续展登记。续展有效期为一年，续展临时登记最多不能超过两次。肥料正式登记证有效期为五年。肥料正式登记证有效期满，需要继续生产、销售该产品的，应当在有效期满六个月前提出续展登记申请，符合条件的经农业部批准续展登记。续展有效期为五年。

登记证有效期满没有提出续展登记申请的，视为自动撤销登记。登记证有效期满后提出续展登记申请的，应重新办理登记。经登记的肥料产品，在登记有效期内改变使用范围、商品名称、企业名称的，应申请变更登记；改变成分、剂型的，应重新申请登记。

四、登记管理

根据《肥料登记管理办法》第 23 条规定：“肥料产品包装应有标签、说明书和产品质量检验合格证。标签和使用说明书应当使用中文，并符合下列要求：（1）标明产品名称、生产企业名称和地址；（2）标明肥料登记证号、产品标准号、有效成分名称和含量、净重、生产日期及质量保证期；（3）

标明产品适用作物、适用区域、使用方法和注意事项；（4）产品名称和推荐适用作物、区域应与登记批准的一致,禁止擅自修改经过登记批准的标签内容。”取得登记证的肥料产品，在登记有效期内证实对人、畜、作物有害，经肥料登记评审委员会审议，由农业部宣布限制使用或禁止使用。

农业行政主管部门应当按照规定对辖区内的肥料生产、经营和使用单位的肥料进行定期或不定期监督、检查，必要时按照规定抽取样品和索取有关资料，有关单位不得拒绝和隐瞒。对质量不合格的产品，要限期改进。对质量连续不合格的产品，肥料登记证有效期满后不予续展。肥料登记受理和审批单位及有关人员应为生产者提供的资料和样品保守技术秘密。

五、法律责任

第一，有下列情形之一的：（1）生产、销售未取得登记证的肥料产品；（2）假冒、伪造肥料登记证、登记证号的；（3）生产、销售的肥料产品有效成分或含量与登记批准的内容不符的。由县级农业行政主管部门给予警告，并处违法所得 3 倍以下的罚款，但最高不得超过 30 000 元；没有违法所得的，处 10 000 元以下罚款。

第二，有下列情形之一的：（1）转让肥料登记证或登记证号的；（2）登记证有效期满未经批准续展登记而继续生产该肥料产品的；（3）生产、销售包装上未附标签、标签残缺不清或者擅自修改标签内容的。由县级以上农业行政主管部门给予警告，并处违法所得 3 倍以下罚款，但最高不得超过 20 000 元；没有违法所得的，处 10 000 元以下罚款。

基层农技推广人员岗位证书《农业政策与法规》培训（考试）大纲（试行）

考试要求：第一部分为农业政策与农业法规概述（分值 30 分），第二部分为农业法律法规（分值 70 分）。两部分分值合计 100 分。

考试题型：单项选择题（20%）、多项选择题（20%）、判断题（30%）、简述题（30%）四种题型。两部分均有四种题型。

第一章 农业政策与农业法规概述

考核要求：

1. 了解：政策、农业政策、法和农业法规的概念；农业政策的特点；农业政策与法规的关联性概念；我国目前有哪几种主要的农业发展惠农政策。

2. 掌握：农业政策的特点，农业法规的具体表现形式；每种惠农政策的目的及实施方式；每种惠农政策的主要内容。

3. 重点：农业政策与法规的重要意义。

第二章 农业法律法规

第一节 中华人民共和国农业法

1. 了解：农业的概念和立法目的；农业生产经营组织的概念；农业在国民经济中的地位；我国的基本经济制度和分配制度。

2. 掌握：农业生产的鼓励、扶持措施；农业生产防疫制度和农用产品使用制度；农产品的加工、流通、贸易；粮食安全机制；发展农村经济的禁止事项。

3. 重点：农业资源的合理开发和使用；各级政府对农业资源的保护措施；国家对农业的投入与发展中的经济支持；农民权益保护的具体内容；国家及各级政府的扶持方案；农业执法监督的主体及其职责；依法承担法律责任的情形。

第二节 中华人民共和国农业技术推广法

1. 了解：农业技术推广法的颁布背景；农业技术推广法的颁布施行日期；农业技术推广法的颁布的目的；农业技术推广体系。

2. 掌握：农业技术、农业技术推广的概念；农业技术推广应遵循的原则；农业劳动者在应用农业技术中自愿原则的运用；国家农业技术推广机构向农业劳动者推广农业技术的原则。

3. 重点：乡、民族乡、镇以上各级国家农业技术推广机构的职责；村民委员会和村集体经济组织对村农业技术推广服务组织和农民技术人员工作的帮助与推动；国家对从事农业技术推广工作的农业科研单位、有关学校的科技人员以及群众性科技组织的鼓励措施；国家对群众性科技组织的鼓励措施；乡（镇）以上地方各级国家农业技术推广机构的专业科技人员条件要求；农业技术推广的具体办法；农业技术推广的保障措施。

第三节　中华人民共和国种子法

1. 了解：种子法的立法背景与颁布施行日期；种子法颁布的目的与意义；农作物种子生产经营许可办法颁布施行日期；农作物种子生产经营许可办法中的许可证申请制度。

2. 掌握：种子法的概念、原则；申请农作物种子生产许可证及颁发农作物种子生产许可证的主体；申领农作物种子生产许可证的条件和程序；申请及颁发农作物种子经营许可证的主体；申领农作物种子经营许可证的条件和程序；农作物种子经营许可证审批的权力行使依据。

3. 重点：种子法的内容范围；种子使用的限定范围；育种工作者及种子生产者、经营者和使用者在选育种质及种子生产、经营、使用过程中的基本责任；生产、经营假、劣种子的法律责任和处罚规定；种子生产者、经营者和使用者在选育种子及种子经营和使用过程中的权利；种子行政管理中农业、林业行政主管部门的权利、义务；农作物种子生产经营许可证的发证机关和审查机关的权利和职责；农作物种子进出口的条件及办理程序。

第四节　中华人民共和国农产品质量安全法

1. 了解：农产品质量安全概念及起源；食物数量安全和食物质量安全的概念；我国农产品质量安全现状；农产品自身特点对于农产品质量安全的影响（4 项）。

2. 掌握：我国法律中农产品质量安全的内涵和特点；农产品质量安全问题法律规范；农产品生产者、销售者对监督抽查检验结果异议的权利；农产品质量安全状况的抽查检测主体；农产品质量安全的社会监督；四川省农产品质量安全要求标准；发生农产品质量安全事故的处理措施；农产品批发市场、农贸市场、商场（超市）、专卖店、配送中心的开办者，应当履行的义务。

3. 重点：不得销售的农药、兽药及其他化学物质的种类；国家建立的农产品质量安全监测制度；县级以上人民政府农业行政主管部门在农产品质量安全监督管理中，发现有本法第三十三条多列情形之一的农产品的处理办法；包装销售的农产品品名、产地、生产者、生产日期和保质期等的规定；违反《中华人民共和国农产品质量安全法》等法律、法规处理办法。

第五节　中华人民共和国农业机械化促进法

1. 了解：农业机械化促进法的颁布背景与施行日期；农业机械化促进法的颁布的意义与目的；国家对农业机械产品质量保障措施；农民和农业生产经营组织自主选择先进适用农业机械的规定。

2. 掌握：农业机械化与农业机械的概念；省级以上人民政府及其有关部门在推进农业机械化中的责任；产品质量监督部门对农业机械产品质量的监督责任；工商行政管理部门的责任；农业机械作业服务中的原则。

3. 重点：违反农业机械化促进法的相关法律责任；国家加强农业机械化标准体系建设的措施；农业机械生产者、销售者对农业机械产品不符合质量要求应承担的法律责任；农业机械化促进法中的禁止性规定；农业机械化工作的管理部门的职责；国家对从事农业机械生产作业者的扶持措施。

第六节 中华人民共和国土地承包法

1. 了解：土地承包法的颁布背景与施行日期；国家对土地承包的保障措施；土地承包法的立法目的和核心。

2. 掌握：土地承包的概念；家庭承包成员权；国家对土地承包的监督责任；土地承包的方式；土地承包的范围;其他承包形式的种类。

3. 重点：违反土地承包法的相关法律责任；土地承包的期限；对妇女承包经营权的保护；土地承包期限内农民的权利；管理部门的职责；国家征用和征收;土地承包合同;土地承包的程序;纠纷解决的途径。

第七节 中华人民共和国农民专业合作社法

1. 了解：农民专业合作社法的立法目的；农民专业合作社概念、性质、内容；农民专业合作社设立、运营应当遵循的原则；农民专业合作社的设立条件及申请受理机构；农民专业合作社设立大会的职权；成为农民专业合作社成员的资格要求。

2. 掌握：农民专业合作社章程应载明事项；农民专业合作社成员的权利和义务；农民专业合作社成员大会的组成及职权；农民专业合作社的权力机构；农民专业合作社成员大会召开次数、应列席人数及召开临时成员大会的情形；农民专业合作社的人员组成要求；农民专业合作社理事长、理事和管理人员 的限制行为；农民专业合作社成员账户的记载内容；农民专业合作社盈余的分配；国家和四川省地方财政的扶持政策。

3. 重点：农民专业合作社申请登记所需的文件、变更登记、费用承担；农民专业合作社的合并程序；农民专业合作社的分立程序；农民专业合作社的解散原因；解散的农民专业合作社的清算程序及债务承担；农民专业合作社应当承担法律责任的情形。

第八节 植物检疫条例

1. 了解：国务院植物检疫条例颁布施行日期；植物检疫人员；相关部门责任；国外引种检疫审批。

2. 掌握：实施植物检疫的执法主体；植物检疫对象名单的制定和发布；疫情的调查和普查；划定和撤销疫区和保护区以及设立植物检疫站的条件和程序；植物检疫证书的签发。

3. 重点：应施检疫的范围；疫情的报告与发布；疫情的控制和消灭；疫情普查和防控的组织；产地检疫和调运检疫程序；奖励和处罚。

第九节 四川省农药管理条例

1. 了解：条例颁布的时间；条例的目的与意义；条例实施的具体情况；《中华人民共和国农药管理条例》的不足与修订。

2. 掌握：条例的适用范围；农药的登记制度；农药经营单位或经营网点购进农药及出售农药时的注意事项；农药使用者在使用过程中的注意事项；未经登记的农药的禁止内容；可以经营农药的单位。

3. 重点：申请登记农药产品的条件及程序；农药经营活动禁止的参与人员类别；县级以上农业行政主管部门的职责；

经营农药的单位、网店需具备的条件；禁止生产、经营的农药和禁止经营的农药；违反法规、条例的行政处罚措施及规定；《关于修改〈四川省农药管理条例〉的决定》相较于《四川省农药管理条例》变动的条款。

第十节　中华人民共和国农业部肥料登记管理办法

1. 了解：农业部肥料登记管理办法制定的时间、制定的目的、实施原则四川省《加强肥料登记管理的若干规定》；我国目前肥料管理基本法律问题（6 项）。

2. 掌握：新型肥料生产企业登记生产要求；微生物肥料生产企业与配方肥生产企业各自人员配备要求；每批次合格产品应具备条件；肥料中有毒有害物质指标的责任承担；对企业的肥料产品包装材质的要求现场考核的运行机制。

3. 重点：肥料生产的物料禁止要求；负责现场考核的行政主管部门及考核组的组成；对同一肥料产品连续两次考核不合格的企业处理方式；对于现场考核不予通过的情形；四川省按照农业部肥料登记规定开展登记审批的产品类型；四川省对肥料登记的流程及审批程序。